红黑时代的青春

之光　著

龙出版社

出 版 人：胡　桃（Sonia Hu）
责任编辑：谢榕津
编辑顾问：洪君植
装帧设计：龙雁翎

红黑时代的青春（长篇小说）

出版：龙出版社 Long Publishing Corp.
印刷：美国
版次：2020 年 01 月纽约第一版；第一次印刷
定价：16.99 美金
国际书号 (ISBN)：978-1-7320358-4-3

目 录

后 记

序

文学的记忆审美历来是文学存在的一种伟大依据和基石，而当下中国文学正在不得不失去这些和安然地放弃着，恰在这时候，之光女士捧出了她的《红黑时代的青春》来。它的价值不仅是一个 70 岁的“人”，蕴酿数年、终成其稿，向我们和华语世界献出了她的泣血之作和记忆之见证，还在于她以中文写作者已经越来越少的良知让光从缝隙照进黑暗里，照进读者的一角空白和虚无中。《红黑时代的青春》不是人人必读的书，但却是你读了不能不感慨万千的一本书。

阎连科

2019 年于北京

自 序

中国号称史无前例的文化大革命，确实举世罕见。其至暗之处是将人标签化。

标签有着极尽冲击力的颜色，且有着鲜明的寓意。

正如文革中，人们大抵只有两种情感——爱与憎一样，标签虽然名目繁多，雇农、贫农、下中农、中农、上中农、富农、地主、资本家、市贫、右派分子、反革命分子、走资派、反动学术权威……但大抵只有两种颜色——红与黑。

红色，那是在上空中飞扬的党旗的骄傲；

黑色，那是没有星月的漫漫长夜的黑暗。

书中描述的正是背负着黑色标签的两名少女尔娟与培敏在红色的海洋中的命运跌宕。

故事是从五七年反右运动开始的，中国从那时起，进入了万马齐瘖的年代，可以说进入了文化大革命的前奏阶段。

故事结束在“四人帮”倒台，国家开始拨乱反正，走向改革开放的九十年代初。那时，文化大革命似乎结束了，又似乎没有完全结束。

之 光

二零零九年十月十五日

1. 一封绝交书

一九八二年七月底，酷热。

用完步，我从研究所的食堂出来，向二楼我的办公室走去。远处，阳光淡薄，近处，云层低厚，闷热的空气中似有雾状的水气弥漫。一場大雨随时都会降临。进入办公室后，低沉的气压让人睡意渐起。眼睛酸涩地扫了扫楼下几颗无精打彩的杨树，脑袋晕沉沉的，索性放松身子，往办公椅后背一靠，半睡半醒，很快便隐约听到了自己轻微的鼾声。突然，门被拉开，我睁开眼，看到给我送信来的同事，接过信，见到尔娟那清秀的字体，可是这封信怎么这么薄？她的信往往要五、六页。正疑惑着，同事见我无心让坐，便识趣地离开了。我赶忙撕开信封，瞬间，睡意全无。

培敏：

当你看到这封信时，我已经踏上了大洋彼岸的土地。新的生活会是怎样，我一点都无法预测。当我们迈向新生活之际，我们唯一想做的就是把过去的一切都永远地关在门外。

达远说他不想让他未来的孩子听到有关她妈妈过去的任何污言秽语，也不想让以前的污泥浊水搅入他们的新生活。但是，把你也关闭在门外却令我非常不舍和心痛，也异常纠结。是达远帮我最后下了这个决心。他说，即然关门，就别留门缝儿，否则，朋友们向培敏要我们美国的通讯地址，培敏是给还是不给，这只会给培敏增加麻烦。他说的有道理。

培敏：真不知道过去那些不堪的岁月，如果没有你的陪伴会是什么样子。在我给你的最后这封信里，我要郑重地向你说一声："谢谢！"

希望你能理解我的这个决定。就把这封信当作死亡通知书吧！那个尔娟已经死了！对不起，培敏。原谅我，原谅我，原谅我！

永远深爱你的尔娟

一九八二年七月十七日于上海

希望我理解？

我怎么能理解呢？！

相识二十五年，近四分之一世纪的风雨同舟的友谊，就这么用一封信结束了？！

尔娟的决绝让我感到震惊，甚至感到委屈和气愤。我实在不相信，这封信是出自尔娟之手。她一直惊叹我们缘分的奇巧，珍惜我们从童年就结下的友谊，感叹我们的友谊是寒夜之灯，雨中之伞。

我心里堵得厉害，信纸在手中微颤着。我忍不住把信从头再看一遍，并且仔细地辨认字迹。我太熟悉她那圆软的字体，千真万确是出自她的手。当我看到信下方的空白处时，我的泪水夺眶而出。信纸下方布满了清晰可见的泪迹，我似乎能看到她含着热泪写这封信时的模样，以及她过去经历的种种场景……

2. 初遇尔娟

一九五六年初秋，我家从天津搬到了沈阳。那时的沈阳是年青共和国的长子，当时的国家経济政策是重重轻轻，即重视重工业，轻视轻工业。沈阳在满洲国时代就已经是重工业的基地。

日本曾以日本的大阪为原型建设沈阳，把大量工业装备由日本运到沈阳市铁西区，在铁西区进行了大规模的工业建设。解放后由苏联支持的上百个工业项目又设在沈阳铁西区，因此铁西区的大部分重工业工厂都是国家最大的也是最顶尖的企业，吸引来全国各地的人材。这个机缘让我结识了几乎是半生缘的闺蜜余尔娟。

她和我同年、同月、同日、同在天津出生，现在又都到了沈阳。作为共和国的同龄人，我俩的命运必然随着时代的风雨一起沉浮飘摇……。

我和尔娟最初的缘分来自一辆童车。那时我家的院子和我姨家的院子离得很近，走路不到十分钟的路程。姨家有位小我一岁多的表妹，因此我常去姨家找她玩。我们那一片的住宅几乎都是满洲国时期日本人建造的房子，当地人称之为“蒙古包”，其实就是连体别墅。解放后这些房子都归干部们居住，只是当时日本人一幢别墅只住一户人家，而现在住两户。尔娟家和我姨家是同一个院子的邻居。那个由十几个连体别墅围成的口字状的院落，里面住的都是变压器厂的干部。

姨家住得离院门口近而尔娟家离院门口远，也就是说尔娟家的人每次进出都得路过我姨家。一天傍晚，我正在姨家门前画“跳房子”游戏的“格子”，忽然一道光射入我的眼睛，我抬起头一看，只见一家人推着婴儿车从外面走进院子。那是我第一次看见婴儿车，它立刻吸引住我的注意力。在那年代，小孩都是用一块布兜着驮在妈妈的后背上，或者被妈妈抱在怀里，没有见过谁家买辆车用来推孩子的。婴儿车很气派，暗红色的船状车身，前面两个小轮子，后面一个大轮子，上面还带着个棕色的遮阳棚。耀眼的夕阳照在三个轮子的钢箍上，闪闪发亮。一个男孩子的脚正伸出车箱。我的好奇心很快地由婴儿车转向车子后面的四个人。推车的女人烫着头发、鸭蛋形脸、白白净净，身穿宝蓝色法兰绒旗袍，脚踏高跟鞋，十分美丽。她旁边的男人高高的个子，戴副眼镜，一套深灰色西装，看起来文质彬彬。他长方的脸，本来很帅，却被一脸的麻子给破坏了，就连那有点大的鼻头上都是坑坑洼洼的，眉毛都有点断断续续。他一手牵着一个女儿，我的眼睛立刻被那个大女儿吸住了。不是因为她和我差不多一般大，而是因为她长得太好看了，很像画报里的小孩。她皮肤雪白、细腻明亮，让我想到白面馒头外面的那层馒头皮。她面孔圆圆的，眼睛格外地大，长长的睫毛忽闪忽闪的。我不自觉地低头看看自己，裤子膝盖处的补丁变得格外扎眼。我赶紧掸了掸身上的灰，似乎这样会让我有点样子。我从小就淘得没边儿，让我妈妈很眼馋那些文静的女孩。她常拿别人家的孩子作榜样来教训我，使我对文静的女孩特别高看一眼，觉得她们特别有模有样。此外，她的爸爸拉着她的手那样子也让我羡慕不已，我的爸爸就从来没有这样牵过我的手，也从来没这样陪过妈妈。不光我的爸爸，那时，好像所有的爸爸都不跟老婆孩子一起走，所以她们一家五口人这样夫妻相伴、儿女相随，倒成了那个时代一道非同寻常的美丽景观。

有羡慕的，自然就有觉得扎眼的，说她家净是洋范儿，外国作风。我姨就不喜欢尔娟的妈妈，说她妈就是长得好看，其实没什么文化，还总是一付凡人不理的样子。她自己的娘家其实穷得很，只因为余总的爸爸是资本家，才肯嫁给他这样一个麻子，攀高枝攀到余总家。没想到刚嫁过去没几个月天津就解放了。姨对尔娟的爸爸倒是赞赏有加，说余总人好，留学美国却没架子。他看英文就像看中文一样，技术也好得很，总工程师的水平都赶不上他这个副总。他要不是小时候得天花闹下一脸麻子，怎么也得娶个大学生吧！每次谈到余家，我妈总会情不自禁地夸两句他家的孩子：“他家那个大女儿真招人喜欢，文文静静的，有个雅气劲。”姨说：“听说这么小就会弹钢琴，余总天天在家教她。”妈说：“难怪，从不见这个孩子在院子里玩，哪像咱家这个野丫头成天在外面疯。”

就这样，每当我去姨家，只要尔娟全家推着婴儿车走进院子，我都会停止玩耍，目不转睛地一直盯着他们，直到他们走进家门为止。

3. 余麻子之死

一九五七的冬天，我已升入小学二年级了。虽然西北风刮得人都不愿出门，可我仍常去姨家玩。好像很久没有看到那个婴儿车和那一家人了。对我来说，那是一个充满着幸福、温暖、极具感召力的场面，怎么就突然消失了呢？我问妈妈，妈妈问姨，只听姨对妈说："他们家啊，"姨摇着头说："不可能再推着婴儿车出去遛弯了。余麻子被打成右派，自杀没死成，从他的办公室二楼跳下去摔成个瘸子了。大家都说他明知二楼摔不死才跳的，只是向领导示威罢了。"姨撇着嘴无不鄙夷地说："这些人一点口德都没有，他想从三楼跳，你得有三楼啊！整个工厂除了二楼还有高楼吗？他老婆更让人受不了，好的时候跟人家吃香的喝辣的，这会儿看人家是右派了，立马划清界限，吵着闹离婚。我早说什么来着，找媳妇不能找太漂亮的，余总找的这个媳妇就是个败家的媳妇。于总的嫂子说老于家自从娶了这个媳妇日子就没好过，先是财产被公私合营，财产没了，不久老爷子想不开又走了，人也没了。这下子不光克死了公公，连自己丈夫都给克了。”

妈说：“不都说女子无才便是德么？看人家背点了，就要离婚，这哪叫有德啊！”

“人家这才叫有德呢！”姨拉着长声，嘴唇向下撇着，眼珠子翻着看我妈说。

我妈不无遗憾地叹气：“唉！可惜这三个孩子了，多幸福的家呀，儿女双全的。”

姨说：“啥事就不能太全了，没准没这个儿子还打不成右派呢。这一家子谁看着不眼热。也可能余麻子两口子心里也没底，特意给儿子取名叫祥瑞，没管用啊！照样从天上掉下来个大祸！”

妈说：“儿子叫祥瑞，两个女儿叫啥名？”

姨说：“大女儿叫尔娟，二女儿叫尔南。”

妈仍耿耿于怀：”这人也是，非提什么意见呢？”

姨说：“本来余麻子这人从不关心政治，这个提意见，那个提意见，他都从不吱声。可后来偏偏支部书记找他谈话，说要响应党的大鸣大放的号召，一定要给党提几条意见。书记似乎也是好心，想让他在运动中表现得积极一点。余总看到领导这么重视自己，就发言说自己最近一直都在查看美国的资料，说两国在变压器方面差距如何大等等，又介绍了自己留学时的见闻。”

妈说：“犯忌了，不说就好了！”

姨说：“刚开始还大会小会受表扬呢，后来风向突然变了，他就变成右派了。估计也是心里不平衡才跳的楼，这罪遭大了。”

姨看着我说：“这话只能在屋里说，到屋外说就是为右派鸣冤叫屈。”

妈用食指戳着我的额头说：“听见没？出去不准瞎说！”

等我又去姨家时，刚一进门，就听姨对妈说：“死了，这回余麻子真死了，上个周五半夜在家上吊死的！这回不用离婚了！不过自杀罪名更大了，不光是右派，反党、反社会主义，又加个自绝于党和人民，畏罪自杀的罪名了。他死了倒不遭罪了，老婆孩子可跟着倒霉了。现在连房子都保不住了，这不，老婆和孩子过两天就得搬走了。”

妈妈说：“不管外面多不顺，要是家里能让他感觉到温暖，他不至于自杀！”

姨说：“就是啊，自从打成右派起，老婆就没有好脸了，成天闹着要离婚。这下可好，大钱垛子倒了，每个月180元啊！工人再干，一个月也就四、五拾元钱，余麻子的工资是别人的三、四倍呢。过去他家想买啥就买啥，家里连钢琴都有。孩子吃的用的，谁家能赶上？！小公主、小王子一般！”

一提到孩子，妈叹着气说："唉！ 这么好的仨孩子，多可怜啊！要说那大女儿长相也不薄，你看她小下巴往上翘翘的，小鼻头连那长睫毛都往上翘翘的。这孩子俏得喜性，不轻薄，咋这样小小的年纪就遭这么大的难呢！"

我听明白了，这个美丽的"瓷娃娃"再也过不了以前的好日子了，就要过穷苦的日子啦，我心里立刻觉得她很可怜。一想到再也见不到我爱看的那个尔娟，心里着实难受了一阵子。

4. 又见尔娟

一九六二年，野淘野淘的我，在小学升初中的前半年，突然如大梦初醒，知道用功了，而且竟考进了省重点中学。

开学那天，老师点名与新生认识，点到谁的名字谁就得站起来。当老师点到余尔娟时，我吓了一跳，不会是同名同姓吧？我居然和她一个班了？而且就坐在我的前两排？尔娟站了起来，虽然只是一个背影，我觉得就是她！我有些兴奋！老师说的话，我一句都没再听进去。初识尔娟时的样子像放映电影般在眼前晃动着。脑海中尔娟的爸爸抱着尔娟进院，“啊？那么大了还让爸爸抱？”我呆呆地看着心里想。只见尔娟两只大眼睛下有泪珠挂着。“都是石头不好，把娟娟绊倒了，都是石头不好，把娟娟绊倒了……”尽管她爸爸时不时地与她贴着脸，但她的小嘴还是撅着。镜头一转，更奇观的是尔娟咯咯地笑着进院子，她居然骑在她爸爸的脖子上，脚上的那双红皮鞋蕩在她爸爸的胸前，特扎眼，那时大人都穿不起皮鞋，她一个小孩子竟然穿上皮鞋……。

下课了，我迫不及待地冲到尔娟面前，是她。虽然她个子长高了很多，但那上翘的小下巴，又黑又亮的大眼睛，长长的睫毛等等，还是原来的样子，尤其是嘴唇上方那颗痣还在那里。只不过圆脸变成鸭蛋形了。我知道她不认识我，因为她从未跟我在院子里一起玩过，也从未说过一句话。我问她："你是住在变压器厂干部院的尔娟吧？"她似乎有些紧张，左右看一下，寻思了一会，方才轻得不能再轻地点了一下头。

不得不说我印象中那个骄傲的穿着红皮鞋的小公主连个影儿都没了，她和我们一样穿着打补丁的裤子、一样的妈妈手纳的布鞋，但隐隐约约地，我还是觉得她有什么地方和我们不一样。后来我明白了，她身上有种范儿。本来脖子就长，头又总是扬着，再加走路用脚尖着地，就是站着，也好像全身肌肉都是绷着的。难怪我妈总是说我"站没站相，坐没坐相"。像她那样不论站立或走路就是有神采。不过别的同学可看不惯她这个样子，开学没两天，就有人开始在背后议论她，说她念课文拿腔拿调的，走路脚尖一窜一窜地，不知道神气啥？我当然不愿听，每当这时候都会不假思索地当场反驳回去："你好，你念课文结结巴巴的，还笑话人家呢！"就这样不知和同学吵了多少回？反正后来同学们都知道我厉害，甚至有点怕我。尔娟却渐渐地和我形影不离了。

5. 好演员的料子

非常奇怪的是一九六二年全国还在闹大饥荒，人人都饿得皮包骨，甚至乡下很多人都饿死了。可高中部学生每到周六下午三点后还是得照例搞文艺活动，据说这是学校学苏联，多年延续下来的传统。每到这个时候，尔娟总要把我从操场硬拉到大礼堂去。我们静静地站在角落里，看他们唱歌跳舞。一位女生站在麦克风前，两臂交叉在胸前，右手扣着左手，嘴唇形成椭园型的口形，在唱苏联歌曲。台下则是一对对男生与女生在跳舞。

我不明白尔娟为什么爱看这些，我更不明白他们怎么有闲心唱歌跳舞？我那时成天想的是挖野菜的事，心里筹划着，明天怎么和尔娟到浑河边那片地去挖甜根。

浑河是沈阳唯一的一条河，位于沈阳城区的最南边，因为它曾被人叫作沈水，沈阳位于其北，水之北面为阳，所以叫沈阳。不知谁有先见之明，将沈水改名为浑河，不过一九六二年时，浑河的水还是很清的，尚未遭污染。

河的两岸是广阔的空地，河的南岸是一望无际的农田。北岸沿着河，宽宽的野地里长满了野花、野草和野菜。我在琢磨，那么大片的野地，应该能挖到很多的甜根，甜根只要找到一根就能找到一片，因为它窜根。希望浑河边那片地没被人挖过，现在挖的人太多，甜根愈来愈难找了。不管怎样，一边挖一边吃点甜根还是很幸福的事。

我想到我第一次挖甜根的时候，因为甜根甜，我又太饿，就一边挖一边吃起来，结果头晕了。我不知道甜根吃多了会上头，结果站都站不起来，索性躺在地上，没想到却睡了过去，很晚才回家，妈妈已急得不行了。

我又想到槐树上的槐叶，那是我最骄傲的事。别人家已经开始扒树皮吃了，我家还能吃到槐树叶子，因为我总能把别人够不到的树叶摘回家。我妈总对别人说："我家三个儿子没有一个像我丫头那样淘，哪儿有点女孩样啊，整天爬树又爬墙的……" 没想到这回她可得着我的力了。

正想着这些能吃的东西时，尔娟居然合着人家的歌声小声地哼唱了起来。我问："这歌你都会唱啊？"尔娟说："只要她们唱一遍，再唱第二遍时，我就能顺下来。"她说她一边听一边就能谱出曲子来，她还说男女生在一起跳的舞是华尔兹舞，这方面我真的是特别佩服她，比我懂得多多了。

可惜好景不长，一个周六的下午，我和尔娟照例来到大礼堂，但礼堂里却空无一人，高年级举办的这种活动被停止了，据说这套东西是修正主义的。

但是歌颂党、歌颂社会主义、教育人民的节目还在继续。不知是因为尔娟长得好看，还是因为她说话的声音好听，老师选尔娟当班级的文艺委员，这下尔娟可有了施展才华的机会了。我们学校的各种演出活动一向比较多，文体活动在市里是有名的。我们班因为有尔娟，很快成了文艺明星班，尔娟也因此崭露头角。

初二下学期，尔娟领我们排练《妈妈娘你好糊涂》小合唱节目。歌词内容是五个女儿用不同的理由批评妈妈打算杀猪的行为，宣扬的是应该勤俭持家的道理。尔娟是文艺委员，当然挑大梁扮演农村家庭妇女的妈妈。她戴着头巾，脸上画着皱纹，一副农村老太婆的样子。她的表演真是惟妙惟肖，尤其是在反驳五个“女儿”不同的不让妈妈杀猪的道理时，虽然结尾都是同样一句唱词：“妈妈娘我不糊涂，哎嘿哎嘿衣呀，妈妈娘我不糊涂……”她却能表演出不同的表情，不同的手势。每一次，她的腔调、她的动作都会引起一片笑声及阵阵掌声。

转眼已是初中二年级了。一天午后，尔娟问我要不要去解放大戏院，我说：“不去。我家没钱看戏！”她的眼珠子左右来回地转着看着我，每当我不同意她的建议时，她都是这个样子：“不是去看戏，是去大戏院做好事去！”那时，毛主席已发出“向雷锋同志学习”的号召，整个社会都在学雷锋做好事，我们每天都在琢磨还能做点什么好事。

记得一次，我和妈妈去她的一个朋友家。在过罗锅桥（拱桥）的时候，我看一位拉人力车的老头正拉着装满重物的车上坡，可怎么拉也拉不上去，我想都没想，便跑过去在车后面帮忙推，因为平时见到这种情况，我们学生都常作此学习雷锋的举动。但这次却把我妈吓坏了，赶紧招呼周围的人帮着推。事后我妈说我：“说你傻，你还真傻！这老头若拉不上去，车往后一倒，顺着坡下来，第一个压死的就是你。”

听尔娟说要去大戏院做好事，我当然高兴。到了大戏院，我们就直言：我们是响应毛主席的号召，到这来做好事的。一位领导模样的人说：这里没有什么好事可让你们做啊！我说：“那我们帮你们扫地吧！”那位领导看起来好像很喜欢我们的样子，就对身边的一个人说：“学校号召她们做好事，给她们找点事做吧！先让她们把所有苹果上的包装纸拿掉，再给她们两把扫帚让她们扫地吧！”我们很快就把苹果上的黄色劣质包装纸剥掉，然后就一人拿一把扫帚到剧场里去扫地。没想到剧场里演员们正在彩排。我们一边心不在焉地拿着扫帚划拉，一边却目不转睛地盯着戏台上看。尔娟看了一会儿告诉我，她们彩排的剧目是《兵临城下》。眼见四下无人，我们俩便放下扫帚，跑到乐池前把手搭在乐池的矮墙上，把脸枕在手上，偷偷地看了起来。这是我第一次看真人演出，因为家里从来没条件带我们去看话剧。忽然一个漂亮的女子从后台轻盈而缓慢地向我们飘来。她白皙高挑，大眼睛带着光芒，有一种摄人的美，以至于让我有仙女下凡的感觉。她走到我们面前，没有蹲下，只是居高临下地略弯着腰，对尔娟说："小姑娘，叫什么名字啊？"尔娟一下子涨红了脸，说不出话来，又是害羞又是求助地把脸转向了我。我说："她叫余尔娟。""长的这么漂亮，长大来当演员吧！"尔娟仍然没说一句话，可是两只大眼睛却充满了对对方的崇敬与感谢。

我想这位演员一定是在后台注意到了我们两个偷看的孩子，并且观察了很久。一定是什么触动了她，让她走向我们，因为她末了扔下这样一句话："非常好的演员料子！"说完她就又慢慢地转身飘回后台去了。

被人发现后，我和尔娟不能再看了，生怕人家说我们是借做好事之名而行不花钱看戏之实。我们赶紧扫地。

走出剧院以后，我们一路聊天回家。我对尔娟说，那个女的长得太漂亮了。尔娟说她叫白雪，是人艺剧团团长的老婆。她特别有名，永远扮演主角。她在《兵临城下》里，一人扮演金环和银环两个角色，据说演技棒极了。

我很不解地看着尔娟，"你咋知道的呐？"

尔娟说"我常去我表姑家，表姑是辽艺的演员。我就爱听表姑讲她们文艺团体的事。"

我很羡慕地感慨道："我家咋一个这样的好亲戚都没有

呢？！”

尔娟显然很受用，她说：“你千万别对别人说，孙道临是我家的远房亲戚，没出五伏。”

“啊？！就是那个演《永不消逝的电波》里的李侠？”我听了更加羡慕不已。

尔娟接着又跟我说：“我不知道我的亲姑姑现在是不是演员，她在美国，失去联系了。不过当年她去美国留学，学的是歌剧。”

看来，文艺才能真是遗传的，难怪那位大牌演员看一眼尔娟就说她是块好演员的料子，我更加确定尔娟将来一定会成为一名演员。这让我非常激动，演员在我们孩子的眼里就是神，当时在社会上地位非常高，被誉为教育人们灵魂的工程师。不要说名演员，就是一般演员，可以说只要是演员，就非常了不起了。我很郑重地对尔娟说：“等你日后成了演员，一定要让我免费看戏啊！”尔娟脸上荡漾着幸福的笑意。

可能是白雪的话起作用了，尔娟做文艺委员做得愈发来劲了。尔娟不知是从哪学来的还是自己编的， 为新年文艺汇演组织了我们班十几个人跳《草原女兵》舞。可这舞蹈编排得有点太难，又下腰又劈叉，总之不是我们学不会，而是压根儿做不到。一到难度大时，大伙就不跟着她跳而都聚到窗台边聊天。有些人甚至冷嘲热讽地说：“啥意思啊？！这舞编的就是为了显摆她的柔韧性好呗！”每到这时，尔娟就一个人在那练倒踢紫金冠等复杂的动作，好像没看见大家聊天一样。我知道尔娟会跳舞，但不会管人。我和她正相反，我敢管人，但跳舞不行。于是我就给她出主意："尔娟，这舞搞的太难了，大家都学不会，不如你跳难的，我们跳容易的，全当给你伴舞了，好么？"这个主意得到了大家的拥护。演出那天，尔娟的舞姿获得阵阵惊叹声，给每个人都留下深刻的印象，以至于很多天以后，只要有人能跟她搭讪上，都会说她"你的舞跳得太好了！"我就奇怪了，平常有些害羞的她怎么到了舞台上就立刻神采飞扬起来了呢？而我们正好相反，一上舞台就害羞紧张。我认定了她就是当演员的料，不光我认定，似乎全校的人都认为，尔娟将来一定会成为演员，有的人直接就对尔娟说："你将来一定会成为一个名演员！"

初三时，辽宁儿艺还真到我们学校来物色演员了，老师最先推荐了尔娟。我们都扒在窗户外面偷偷地看她表演，先是唱歌，虽然听不到，但我们都知道她唱歌好听。然后考官给了她一本薄薄的册子，应该是朗诵。最后就是表演。只见她一会洗脸、一会揉面、一会端着象盆一样的东西往前走，象是给谁送东西……。我们在外面看得很过瘾。她从教室里出来以后，我问她你干嘛一会洗脸一会揉面的，她说："考官跟我说，现在你手里有个盆，开始表演吧！我当时灵机一动就先想到洗脸……"我又问："他们给你一块糖是啥意思？"她说："他们让我编个故事，我就把王二小放牛的故事给改编了。”“你是怎么编的？”“日本鬼子大扫荡看见一个放羊娃就给他一块糖，让他带路。王二小假装很高兴，带着鬼子在山里转转来转去，愈转离共产党驻地愈远。后来鬼子明白过来，就把他杀了……”她问我她表演得如何？我说：“我注意考官的神情了，看考官那眼神好像很欣赏你。”听后她满脸兴奋地对我说：“你知道吗？我的梦想就是当演员，一想到能在舞台上表演，多苦多累我都愿意，不过这话你可千万别讲给别人听，一旦考不上他们会笑话我的。”

第一轮初试有十几个人，第二轮就只剩下三个人了，等到第三轮即最后一轮笔试完后，我校只剩下尔娟一个人了。有一天，老师很骄傲地在班上宣布，尔娟是我们区唯一通过了全部考试的人，并领着大家一起为她鼓掌。尔娟羞红着脸，低着头。大家无不羡慕地看着尔娟，为自己的班级能出现一名演员而感到骄傲。那几天的下午自习课，经常有外班的同学扒在玻璃窗外来看尔娟。在操场上，回家的路上，也会常常看到三两人窃窃私语，然后目不转睛地看着她。每个人都认为尔娟已经是演员了，连她自己也如此确信。那时的尔娟像怒放的花朵，鲜艳亮丽。对于十四五岁的初中生来说，谁也不知道政治审查是怎么一回事，尔娟当然也不懂。当她接到儿童艺术剧院给她的必须填写的政治审查表格时，她乐坏了，因为全校只让她一个人填表。她以为自己被录取了，便很简单地填写了妈妈是工人及工作单位，爸爸已亡及工作单位。

尔娟忙着考演员时，我们这个年级正面临着分班。上级指示我校进行教育改革实验。我们学校成立了一个实验班，即初中升高中的直升实验班。也就是说只要能进实验班，就是从咱校的初中部直接升入高中部，而不必再参加升学考试了。这样的好事却没有轮到我头上。实验班的班主任恰恰由我所在班的班主任担任，由他从初中部的四个班里，挑出一个班的学生进实验班，生杀予夺的大权都握在他手里。我因为不守纪律，甚不得班主任的欢心。记得一次课间休息，我爬树，本来只是爬着玩的，不知什么时候，树下围了一群同学，个个大呼小叫：“别再爬了，不要命了？”“吓死我了，快下来吧！”“小心啊！”她们愈喊，我愈来劲，愈向上爬。结果上课铃声一响，同学们马上作鸟獸散，跑回教室。而我此时却发现，自己确实爬得太高，往下一看，心也不由得颤抖起来。不过我还是稳住了自己，迟到就迟到吧。正当我踩着树叉往下迈时，历史课老师领着全班同学来到了树下，真使我难为情到家了，因为我是历史课代表。历史老师唯恐我摔下来，让大家围着树站一圈，以备万一。在众目睽睽之下，我终于落地了。耽误了大家十几分钟的上课时间，历史老师竟没有说我一句。倒是班主任把我叫到她的教研室，劈头盖脸地狠狠批评了一顿，还列举了我一系列类似的“罪状”。我读懂了老师面部的表情，因为每次妈妈骂我：“我哪辈子作孽，生出你这个玩意儿！”脸上就是这种表情。我知道老师一定为摊上我这样的“麻烦”而自认倒霉。说不定和我妈一样，还老是提心吊胆，怕哪天出事！尔娟则不同，她和我相反，安静、守纪律又有才华。她顺理成章地分到了实验班，而我却不得不离开尔娟，分到了一个新班。对于分开，尔娟表现得比我悲伤，她无比夸张地说：“离开你，我都不知道怎么活了。”

6. 政审不合格

在我们分完班后大约半个月的时间，儿艺终于来了消息，尔娟因为政审不合格而落选了。

这对尔娟简直是晴天劈雳。这里面的原由，实在不是我们孩子能理解的。不知谁从哪里探听来的消息，各种闲言碎语像子弹一样地射向了尔娟：她爸爸是个大右派，是个反党分子；她爸爸是畏罪自杀的，是自绝于党和人民的大坏蛋；她爸是有钱人家的孩子，是资本家的儿子。在当时，这些话中的任何一句都够把人压得抬不头来。第一轮及第二轮考试被淘汰下来的人，个个面带喜色，有的还特别幸灾乐祸，火上浇油，几乎逢人便说尔娟其实是欺骗组织的骗子……为了混进儿童艺术剧院，她竟向组织隐瞒了爸爸是大右派和爷爷是资本家的事，这样反动家庭出身的人竟然想混进党的神圣的宣传机构等等。

一天，我班同学正仨一群俩一伙一口一个“欺骗组织”地议论着尔娟时，我实在听不下去了，便腾地站了起来，笔直地走过去，一脸忿怒地问道：“你们说谁是骗子啊？什么叫欺骗？你们懂不懂啊？她爸爸的事她上哪儿知道啊！她已经够倒霉的了，别这样行不行？当初是谁扒着人家教室的窗户偷看人家的？”说得她们讪讪地离开了。

还有一次，我和尔娟在走廊说话，就听到有人捏着嗓子，用假音儿喊了一句：“臭鱼！ ” 语调里还打个弯拖得长长的。尔娟一声不吭，一下子眼圈红了，接着没控制住，泪水还是滚了下来。我一看，气不打一处上来，立刻回过身去喊道：“谁骂的？你骂谁呢？”

背后走过来的三个人，其中一个一边用眼睛瞟了尔娟一下暗示我，一边讨好地对我说：“没骂你。”

“骂谁都不行！”我冲着其中另外一个表情不太自然、眼睛盯着旁边墙的人说：“下回再骂一个试试？！”

大家都知道我爱打抱不平，敢打架，就都没接我的茬。

我回头对尔娟说：“四班的杨兆宁，第一轮就被淘汰下来的那个，她嫉妒你呗！你当初太亮丽了，把他们晃得啥都不是了。”

接着我告诉尔娟说：“下回他们再骂你，你就骂回去！”

尔娟说：“我妈不让，她不许我们再给家里惹事了。妈说，什么事忍一忍就过去了，让我们学会忍，谁让我们出身不好呐！”

7. 折断的翅膀

隔天，尔娟毫无征兆地突然约我去小公园。那时的小公园，说是公园，其实没什么人光临，只有一部分人用作捷径从中穿过而已。那是一个人人都以闲情逸致为耻的时代。虽然公园里没人，尔娟还是拖着我躲到假山后面去。假山与公园围墙之间，有窄窄的一条过道，除了男人常去那里小便以外，白天那里绝对地没有人。我嫌那里的尿骚味刺鼻，想换个地方，但看到一脸悲戚，整个人都在悲哀中挣扎的尔娟，我闭上了嘴，随便选了块石头坐下。尔娟默默无语，还没开口说话，眼泪就先簌簌地往下掉，我问她："怎么啦？又有谁整你了？"她摇摇头，我看得出，她是努力想止住眼泪，可眼泪仍旧止不住地流淌着，她想开口说话，却哽咽地说不出声来。

我心里着急，可也只能等待，默默地看着她，等待她情绪平复一点，开口和我交心。

在哭了很长一段时间以后，尔娟终于告诉我，她偷听到她姨跟她妈妈的一番对话，让她对未来无比地绝望。

尔娟政审不合格没当上演员，尔娟的妈妈为此也很闹心，便找来亲妹妹诉说衷肠。她的妹妹因为自家出身好，嫁的又是军官，所以一路升到教育局人事科当上了政工干部。她消息灵通，如今几乎成了尔娟妈妈的主心骨，只要有事，她妈都会找她姨商量。

听完有关尔娟未被录取的事后，她告诉尔娟妈妈，现在政治审查越来越严了，每个人都有个档案袋保留在人事科里面装着有关你平时的表现以及家庭的政治背景等文字材料。档案是保密的，本人看不到，但政工管理人员却可以随时查看，其他机关的各级组织也可凭介绍信调取查看。她说这回儿童艺术剧院只要去一趟变压器厂政工科，就可以掌握尔娟的全部情况。她还提醒尔娟的妈妈，别让尔娟太要强了，现在什么都看出身，你学得再好、干得再好，都没有用。她说："对外讲是'不唯成份论，重在政治表现'。其实，地富反坏右等黑五类的子弟根本就进不了大学，他们的档案袋已盖上'不予录取'的大印，考多高分都没用。你就别让尔娟那么要强了。学习不好，考不上，她自己认，但是因为家庭政治条件不好而考不上，她还不得疯了？"尔娟一五一十地原原本本转述给我听。

尔娟学完这些话后，突然绝望地喊道："培敏，我可怎么办啊？做不成演员就算了，我连大学也上不了了，这辈子不是完了吗？！”她哽咽地说不出话来。我站起来，准备坐到离尔娟近一点的一块大些的石头上。我刚要坐过去，却发现石下的一抹绿色，我无心研究它究竟是什么植物，但我知道，它是生命，是需要生长的生命。唉！它被石头压得已难以伸展，我还要再坐上去吗？

我重新坐在原来那块石头上，虽然距离远点。我还是把手费力地伸过去拉起尔娟的手。我没有说话，我不知说什么好。但就在那一刻，我感觉自己了解了尔娟，她愈是痛苦就愈让我看到她对自己的一生有着非同一般地期许。是啊，我在院子里傻玩的时候，她在学习钢琴；老师点到我们念课文时，我们只是一个字一个字地把字读出声来就行，可尔娟偏偏要念得字正腔圆、声情并茂；跳舞的时候，动作一难，我们就不跳了，可她偏偏去一遍又一遍地练那些高难动作。我不知她心目中是否有个她的人生样板，也不知她期许的人生是什么样的，但是我明白她是一只想展翅高飞的鸟，而它的腿上却被坠上了块大石头。想到石头，我又看了一眼尔娟旁边那块石头下的那抹绿色，我理解尔娟那种绝望，一个拥有美好希望的人的绝望。命运对她实在太不公平。我相信她姨说的是事实，我的一位姑舅表哥报考清华大学就是因为政审不合格而落榜。过了许久，尔娟语气虚飘地说了一句：“真要像我妈说的那样将来找个出身好的嫁了，我这辈子就成了家庭妇女一个，那活着还有意思吗？不如死了算了！”

这个死字，像雷一样在我心里炸开。我下意识地脱口而出："死？千万千万不能想到死啊！粮食大饥荒、咱们吃锦洲凌河里的泥、吃野菜、吃树皮都活过来了，那么多人都饿死了，咱没饿死，咋为个上不了大学就想到死呢？"

我转念一想，尔娟很爱她的妈妈和弟弟妹妹："要知道你死了，你妈妈怎么活？你的弟弟妹妹填表时又多了一项：姐姐余尔娟自绝于党和人民。"

我这么软硬兼施地一吓唬，尔娟傻了。她皱着眉头，纠结了半晌，突然爆出了一句："我恨死他了！"

看到尔娟脸上露出的恨意，我吓了一跳，忙问："恨谁？"

她说："余尚轩！"我一时反应不过来，不知道是谁，但猛然意识到，这应该是她爸爸的全名。这太不可思议了，怎么可以恨自己的爸爸呢？我试探着问："是你爸？怎么可以恨自己的爸爸呢？"

她说："他可把我害惨了，害得我活不能好好地活，死又死不得！如果当年他不提意见，如果当年他没有自杀，我会是现在这个模样么？我们家会是现在这个样子么？"

听着她的话，我眼前晃动着的却是她骑在她爸爸脖子上的镜头，那咯咯地笑声又响在耳侧。我心里痛极了，但我又不能说她爸爸有多爱她，因为我姨谆谆告诫我不能说右派的好话，我只能赶紧把尔娟这话接过来："那你也一样啊！你现在如果自杀死了，你的弟弟妹妹不也会象你现在这样恨你嘛！”

然后，我俩都长久的沉默，我心里在纠结，血脉至亲，那么爱她的爸爸怎么就变成害她的爸爸了呢？我很想安慰她，可搜肠刮肚地找，一句也找不出来。末了，尔娟说了一句：“我才是那个不该出生的人……”我知道这是我们最近看的一本小人书，书名叫《不该出生的人》，写的是一个黑人爱上一位白人女孩的故事。

从这以后，每次考试排榜，尔娟的成绩都往下降。我很奇怪地问她：“你是故意考坏的么？”她很不以为然：“反正我是肯定考不进大学的了。”尔娟不拔尖了，也就无人再注意她了，流言蜚语也就平息了。但是那个顾盼生辉，浑身洋溢着青春活力的尔娟也没了。我妈以前常说尔娟的嘴长得好看，一笑鼻窝和嘴角处便形成一个括号。她还数落我说：“不像你，一笑嘴都咧到耳根上。”可现在，我再也见不到那个括号了，她原来就不太爱说话，现在几乎就不说话了。她整个人似乎就泡在无边的绝望中，变得极其木纳，有时候你跟她说话，说三遍都不能确定她是不是听见了。

8. 文革前最后一次中考

我由于没有被分配到实验班，心中十分不服，就憋着一股劲儿，拼命看书学习，活动的场地从操场转到了图书馆，我决心一雪前耻！我心里就一个简单的想法，要让我那个班主任后悔，后悔当初没有选择我这样的好学生。我很快就名声鹊起，每次考试都名列第一第二，这在当时是很出奇的。那时的女生都必须在家里承担繁重的家务劳动，在学习时间上和男生比处于劣势。我却不必做家务活，因为妈妈是老师，特别重视我们的学习，不让我们做家务。功夫不负苦心人，在所有报考四中高中的考生中，我竟然以第二名考入。

记得那是一九六五年的夏天，八月正是沈阳最热的月份。发榜那天，我正在院子里，坐在从自己家里搬出来的凳子上，由妈妈给我剪头发。说起这头发，我出生时竟把那接生的老大夫吓了一大跳，妈妈说我一出生，浓浓的头发就长至披肩！大夫说她干接生工作二十多年了，接生了无数的孩子，却从未见过新生婴儿有如此长的头发。那时女孩子时兴梳两根大辫子，如果又黑又亮的大辫子长过屁股就会受到无数的赞美。而我却惨了，头发多不算而且“搅梢”（东北话发梢打结的意思），不得已妈妈只能给我剪成短发。妈妈一边剪着我的头发，一边和站在旁边的居委会主任王婶和她的女儿杨招弟数落着我的头发如何“搅梢”难梳。说我不光头发不顺溜，人也不顺溜。妈妈说我出生时因为是个女孩，把她乐得两夜没睡着觉。我前面两个都是男孩，因为喜欢女孩，妈妈一直给我二哥男扮女装。没曾想，好不容易有个女孩，却一点女孩样都没有。妈妈说她掌灯熬夜地把她年青时穿的衣服改成我能穿的衣服，结果第二天不是刮个大口子，就是玩“占城”把袖子撕了。就在我妈数落我时，同学李凤娟出现在院门口，紧接着班主任陈老师也出现了。我立刻感到浑身极不自在，“妈！我们班主任陈老师来了！”我的声音急促且带着几分恐惧。妈妈立刻停止了数落，放下了剪刀，急急向院门口迎去。当老师路过我面前时，我站起来怯生生地说了句“老师好！”妈妈把老师迎到家里，我没有跟过去，因为我不喜欢他。没有十分钟的时间，妈妈就和老师从家里走出来，并把陈老师一直送到了院门口。往回返时，妈妈的脸上充满了喜悦。她对我身后的王婶说：“考上了！”我听后并不以为然。我数学题全答对了，就得100

分满分。那年开始数学改革，又加了一道加试题，20分，我也对了。因此共得了120分。语文本来就是我的强项。我怎能考不上呢？！妈妈对王嬸说：“这个班主任乐坏了，跟我说所有报考四中的学生排榜，男生第一名，女生第一名都出在他的班里。”接着妈妈又轻轻地戳了一下我的头说：“你看这个傻样儿，还是女生第一名呢，男女生混排第二名。”我妈的话刚一落地，我的活就来了。“哎哟，这孩子学习这么好呢？！以后啊，你妹妹招弟学习的事就归你了。”她又回头对招弟说：“以后有什么不会的题，你就尽管问你培敏姐吧。”我们院子里没人知道我学习好，只知道我又傻又笨，那是妈妈宣传的结果。有一次妈妈逼我学作缝纫活，练习缝内裤，结果我心不在焉地用缝纫机把内裤缝成了一条腿。我缝完了也没看，就跑出去找同学玩去了。我是没看，可妈妈却把这一条腿的内裤给很多人看，以此证明我有多笨。

中考的成绩使我获得了王嬸及杨招弟对我的尊重和信任，此后果然扬招弟常拿着不会作的习题来问我。

进入高中后不到一年，史无前例的文化大革命爆发了。

9. 66年夏季大字报

一九六六年是注定要写进中国历史的。这一年，始无前例的文化大革命爆发了。

记得刚刚进入六月，这一天阳光明媚，太阳还没有像八月那样骄阳似火，天气不冷不热。下午自习课，教室里静谧得很，掉根针的声音都能听得到，阳光和煦地照在每一位学生的身上，同学们在全神贯注地作着作业，享受着这种和煦与宁静。突然，下课铃叮铃铃的响了，格外震耳地刺破了这种静谧，同学们纷纷起身走出教室奔向操场。当时，谁也没曾想到，刚才的这声铃响，竟然是我们生命中的一个重要分水岭。它结束的不仅仅是我们当天的学习生活，而且是正规的校园生活，使之一去永不复返。这个铃声开启了我们的文革生活。

当我收拾完书本，照例向操场走去时，我发现尔娟在拐弯处等着我：“大礼堂贴了很多的大字报，去看看不？”

“大字报？”我那时还不知道什么是大字报，“走，去看看！”。

最近净是新鲜事。前几天，学校召开“声讨邓拓的反党反社会主义罪行”大会。我很有些蒙头转向，搞不清楚邓拓做为党的喉舌《人民日报》的社长，为什么要反党反社会主义。

会场主持人说想要发言的人可以传条子给他，他会尽量安排同学们上台发言。果真很多同学都递了条子，而且也都被叫到台上表达了自己的愤慨之情。他们用的很多语言都是我闻所未闻的，诸如：“是可忍孰不可忍！”，“尔曹身与名俱灭，不废江河万古流！”等等。我真的很佩服他们，他们怎么总比我明白事呢？过去发言的人都是老师或团组织事先选定的，而且发言稿均需经老师审查，现在居然可以传个条子，主持人点到名字就能上台发言了。我能感觉到一种巨大变化，但却跟不上去。

我进到大礼堂，亲眼看到了，才明白了什么是大字报，一张张用毛笔写在大白纸上的墙报把大礼堂的东西两面墙壁贴得满满的。大礼堂的中间摆的是没有靠背的长长的木凳子，两排长木凳之间是过道。那天批判邓拓大会，很多人就是从这个过道跑出去，跳上舞台的。舞台很大，占了礼堂的整个北面。

当六月一日《人民日报》发表社论『横扫一切牛鬼蛇

神』；六月二日《人民日报》又发表社论『触及人们灵魂的大革命』及评论员文章『欢呼北大的一张大字报』，即北京大学哲学系聂元梓等人写的『宋硕、陆平、彭佩云在文化大革命中究竟干些什么？』此后，我们学校要求进步的学生已经坐不住了，纷纷贴出大字报，主要是表决心，表示自己绝不容许修正主义、资产阶级专我们无产阶级的政，我们一定要把权夺回来等等。对这些大字报我都看看落款，看是谁写的就过去了。但是有些大字报我还是很爱看的，例如揭发北京市长彭真的，讲他如何把北京市变成水泼不进、针插不进的独立王国。还有周总理讲话的大字报。我们居然可以直接看到总理讲话的内容了，这使我感到特别兴奋。过去上面的讲话都是以文件的形式逐级向下传达，并且都注明传达至哪一级。我们家有个远房亲属，是个科长，行政级别18级，是官员中的最低级别。有一回他到我家，很神秘地告诉我妈一个消息，并说不要外传，因为文件只传达到科级为止。那时，掌握的信息多寡，表示其地位的高低。现在国家总理说什么，我们一个中学生居然都可以知道，能不激动么？！

最令我兴奋的是，在礼堂的另一面墙上看到了伟大领袖毛主席的讲话，上面写着毛主席关于课程及考试方法的批示，那些话我至今还记得：“现在学校课程太多，对学生压力很大，讲授又不甚得法，考试方法以学生为敌，举行突然袭击……”我看了一遍又一遍，甚是激动地对尔娟说：“毛主席太伟大了，说得太对了，就是嘛，以学生为敌，上着课就突然让我们把书本收起来，说是考试，事先不告诉就是搞突然袭击！”

这时大礼堂里的人已越来越多，大家都聚在毛主席关于考试的这张大字报前面，别的大字报前几乎没几个人了。有的人说：“没想到日理万机的毛主席居然还知道学校是怎样对付我们学生的！”还有的人说：“毛主席真是我们最亲的亲人，看不得我们承受这么大的课程压力！比亲爹亲妈还亲！”更多学生抱怨学校，对老师搞突然袭击表示不满……。

从这一天开始，我和尔娟每天下午聚都在大礼堂看大字报，我们已看上了瘾。我们无法想象关于那些原来比天高的人物，现在却可以像知道邻居的琐事一样知道他们的隐私。国家主席刘少奇先后娶了四个老婆，而且居然贪污了一个金子做的鞋拔子（别人交的党费）；邓小平如何爱打桥牌；罗瑞卿是如何搞大比武，如何篡军反党，如何跳楼自杀未遂等等。但不管是邓拓、吴晗、廖沫沙，还是彭真、罗瑞卿、陆定一、杨尚昆，只要他们反党，反对毛主席，我们就都恨得咬牙切齿。

我们学校的大字报终于从务虚变为务实了。几天后，一个高三学生，率先揭发我校的反动学术权威——他们的科任语文老师陈明。陈明是个老教师，老教师有个毛病，就是天天讲、月月讲，有些话就背得滚瓜烂熟。当苏联是我们国家的老大哥时，他吹捧俄罗斯文学的伟大没问题，可苏联已变成修正主义的国家，已是我们的敌人了，他还照样重复几年前讲课的内容，仍照搬不误地吹捧俄罗斯文学的伟大，这下就罪过了。这位同学列举了他大量的吹捧言论并进行了批判。许是有反右运动的前车之鉴，陈明老师看起来是吓破了胆，他第二天立刻贴出了自己的大字报，说这么多年疏于思想改造，对苏联变成修正主义认识不明确，非常感谢某某同学给他贴的大字报，为他敲了个警钟，他接受同学们的批判，决心痛改前非、洗心革面……。在文章的结尾处他彻底放下老师的身段，说自己用修正主义思想毒害无产阶级革命接班人，罪恶滔天，他向所有他教过的学生赔罪。

这下可炸了锅，此前，学校师道尊严的氛围很足，学生们对老师是三分敬七分怕。尤其是陈明老师，因为他的名号大，不管听过他的课或没有听过他的课的学生都知道他文学造诣深，有水平，课讲得好。他高高的个子，一脸的威严，每次碰到他，我总是低着脑袋，小声说句“老师好！”就赶紧从他身边走过去。现在，学生开始批判老师而老师居然吓成这样，学生们立刻有种得意洋洋的感觉。各班开始纷纷仿效，都把自己班的科任语文老师当作反动学术权威进行批判。

一天我和尔娟再去礼堂看大字报时，礼堂中间的长条木凳已全部被搬走了，由南向北地拉起了很多的绳子，不消一天，长长的大字报挂满了中间的绳子，给人以铺天盖地的感觉。我和尔娟在大字报中间钻来钻去。突然我听到尔娟小声地叫着我的名字，我循着声音过去，只见尔娟手指着大字报的落款『高一·一班横扫一切牛鬼蛇神战斗队』问我："你知道么？""不知道啊！"我皱起眉头，有点吃惊。啥时候有战斗队的呢？！一看内容是揭发语文老师尚思吟的。尚老师是印尼归国华侨，是我最喜欢的老师，小小的个子，很瘦，皮肤有些黑，五官按俗成的标准都不算好看，眼睛不大，鼻子不高，嘴巴不小。但我就觉得她很美，尤其是她那一笑，含有太多的内容，自信中甚至带着些许的调皮，笑不露齿，但却无比亲切。大字报的内容主要是揭发尚老师每堂课都要挤出五分钟时间来宣扬封建思想，讲什么银顶轿和金顶轿的故事。

这回我没有像往常看大字报那样恨得咬牙切齿了，我只觉得不公平，不实事求是，因为我了解事情的真实情况。事情起因是有两个同学上课时小声说话，尚老师笑着说："我不想浪费时间来整顿课堂纪律，如果大家上课不说话，不做小动作，精神不溜号，我就把省下的整顿课堂纪律的时间用来讲故事。"没等尚老师说完，大家就高兴地鼓起掌来，就这样，尚老师每临下课前都讲五分钟《金顶轿与银顶轿》的故事。而每次下课铃响起，同学们都不愿起身下课，都央求老师"再讲一会儿"。那时同学们都爱听，都说老师讲得好，怎么现在居然说是毒害我们呢？既然是毒害，你还央求她再毒害一会儿干嘛？！

我对尔娟说："我不知道我班同学这么坏，其实老师讲的是一个与人为善的故事，怎么变成宣扬封资修了呢？”

尔娟说：“老人们传下来的故事，自然是封建时代的故事了，况且现在提倡斗争性，不提倡善良了。”

她又眯着眼睛看了看大字报，问我：“你认识这个字体么？”

“毛笔字我认不出来……”我说，“啊！我想起来了，昨天快放学时，我看见刘庆梅几个人在墙角那像商量什么事似的，桌子上有白报纸，准是他们写的！没想到她们这个德行！”

“小点儿声！”尔娟很怕别人听到，只见她上牙咬着嘴唇，嘴使劲地向外咧着，握紧的拳头在耳边紧张地晃着，“回班级可什么都别说，就当没看见这张大字报一样，千万别打抱不平。”她压低着声音提醒着我。

很快无论是大学还是中学，甚至小学，所有的校长都作为走资本主义道路的当权派被批斗了。我校也不例外，根据学校广播站的大喇叭通知，学生们都聚集到了操場四百米跑道的周围，只见几个高三的男生押着邱凯校长从大楼里出来。昔日被学生们崇敬的、儒雅的、斯文的校长现在戴着个白纸作的高高的纸帽子，胸前挂着个牌子，上面写着“走资本主义道路当权派——邱凯”，名字上还用红笔打了个大叉。在牌子的下边还挂着几块大石头，石头用细铁絲牢牢地绑住，挂石头的细铁絲就勒在校长的脖子上。打头的红卫兵耀武扬威地按着校长的头，把他像狗一样地押了出来。我很喜欢这位校长。他很幽默，他对全校师生讲话时常会引起大家大笑不已，但走下台后却很严肃，一副不苟言笑的样子。不光我们学生就是老师都很敬重他。我受不了这种形象的巨变，心理上更是无法接受，于是赶紧选一个靠树的地方靠着。当游街的校长沿着四百米跑道走过大半圈，走到我面前时，我看到细铁丝已经勒入校长的脖子，勒入处在往外渗血，染红了他的衣领、衣袖。我生平怕血，赶紧躲在树后。此时，站在我周围的平日爱戴他的学生们开始呼喊口号，“打倒走资本主义道路的当权派邱凯！”“邱凯不老实，就叫他灭亡！”“斗倒、斗臭邱凯！”“打倒邱凯，让他永世不得翻身！”这时，有人开始向校长身上吐唾沫、扔石头。带头的那个红卫兵似乎想在喊口号的同学面前表现一下，只见他照着校长的屁股一脚踢过去，校长立刻嘴啃泥后倒下，那个红卫兵拎起手中的武装带气愤地向校长头部抽去，只是几下，武裝帶上的铜头已將校长的头部打出血来，血在校长右侧的脸上流淌着。校长紧紧地咬着嘴唇，没有叫出一声。那个红卫兵象拎狗一样，把他狠狠地拎起来。邱校长继续一边走，一边敲着锣，一边说“我是走资派邱凯……”我眼泪一下子流了出来。周围同学都在群情激昂地喊着“痛打落水狗！”“打倒一切走资派”没人注意到我，我赶紧溜出去往家跑。到了家，我嚎啕大哭起来，妈妈正在厨房做饭，以为出了什么大事，赶紧跑出来问我。我边哭边诉说着校园里发生的一切。当妈妈知道是校长的事，和我家根本无关，她的面色缓了下来。她松了一口气说道：

“你姥爷就说你随他，一点儿没错，心太软！这哪行啊！现在可是讲阶级斗争的时代，比的是谁心狠，谁心狠谁吃得开。就你这性格，早晚得挨整。咱不整人，也不能被人整啊！，”妈妈一付无可奈何的表情说着。

10. 吊死鬼

一天早晨，我们刚到学校，我和尔娟正站在大礼堂的门口看新出的大字报，我们班的一个同学跑过来对我说："前天那个吊死鬼你不是没看见么？今天又有一个！就在学校对面，现在还在上面吊着呢！"我怕再像上回那样，等我赶到时，吊死鬼已被御下抬走了。于是我赶紧喊着"尔娟，赶快走！"说着就跟着那位同学向校外跑去。刚跑几步，发现尔娟没跟上来，我就喊住那位同学说："喂，尔娟呢？""她可能不想看，我刚一说吊死鬼，她就吓得脸煞白，你喊她走时，她立刻钻到礼堂里面去了。我心里说了句"胆小鬼！"就跟着那位同学又跑了起来。果然，吊死鬼还吊在那里，是个女的，舌头伸出很长，脚下的板凳被踢翻了。我因为没见过吊死鬼，好奇，可一旦看到，胃就翻腾起来，我赶紧从看热闹的人群里往外挤出去。一个梳着两条小辫的，大概是

七、八岁样子的瘦弱小女孩正靠着门外的墙边抹着眼泪，她哽咽的声音很小，但泪水却不断地从手缝中流出来。我一下子想到了尔娟，我真是糊涂死了，我怎么就没想到尔娟她爸爸就是在尔娟像小姑娘这个年令上吊死的呢。我赶紧往回跑，一边跑一边想：她当时一定会受到很大的刺激，那少年时代恐怖的一幕肯定会再次涌现到她的眼前，而我竟要她和我一起去看什么吊死鬼！

我跑进大礼堂，从前到后找了两遍，没见尔娟的影子。我奔出礼堂到操场上寻找，果然在一个不易被人看到的角落里，我见到了尔娟。她把头埋在两膝之间，两臂环抱着膝盖。我在附近找到一块砖，放到尔娟旁边，坐了下来。我没有说话，尔娟也没有抬头看我。就这样子静静地坐着，我心痛极了，却不知说什么好，这种使人难堪的事，不好说破。过了好一会，尔娟说了一句：“你走吧！”“不！我不走。”又过了一会我问“你哭啦？”她仍旧埋着头，但晃了几下，表示没有。很久，她站了起来，虽然她尽量避开我的视线，但我还是看到了她红肿的眼睛。我鼻子一酸，泪水蓦然涌出眼眶，这回是我要掩饰了。为了避开她的视线，我掉过头，假装着向后看些什么。

那时，吊死鬼真多，没过两天，又一个同学找我，她刚说出：“又一个吊死……”还没等她把鬼字说出，我立刻一迭声地打断她：“不去、不去、不去……”

11. 毛主席接见红卫兵

八月，天气热极了。尔娟又在走廊的拐弯处等着我，脸上带着久违了的我妈妈说的那个括号。

“什么事这么高兴？”我有点奇怪，但也被她的情绪感染，笑着问她。

“我表妹见到毛主席啦！”那个“啦——”字拖得很长，让我听出了激动和无法按捺的喜悦。

尔娟很少和我谈到这个和她只差不到一岁的表妹，可现在这个表妹却给她带来了极大的骄傲。我也立马感到格外的激动，能看到毛主席，太了不起了。我问尔娟：“听说你们班王秀贤也去北京了，也是接受毛主席接见的么？”

“她还没回来，不知道！”尔娟的眼睛向下地眯着，嘴角也随之向下咧着。我知道没人理解为什么会是王秀贤去北京。因为那时侯一直流传一句话：“分、分、分，学生的小命根”。学习好才能被大家瞧得起，学习不好，没人瞧得起。王秀贤是中等学生，全校就选一名去北京，怎么就轮到她去了呢？我不解地问尔娟，尔娟说：“她是团员，家庭出身好，爷爷和姥爷家都是三代雇农，爸爸、妈妈也全是工人阶级，而且妈妈还是厂里劳模，根红苗正。”看来风头转了，学习好不会再是风云人物了，出身好的开始占领历史舞台。

王秀贤回来了，每个人都用仰慕的目光看着她，我也一样，她受到伟大领袖毛主席的接见，我们顿觉得她光彩无比。一下子，她成了全校瞩目的人物。她走到哪里，哪里人群的目光就都聚集在她的身上。她先在本班讲述她受到毛主席接见的过程及她受到的教育。之后，各班纷纷发出邀请并翘首以待。终于，轮到我们班，此时王秀贤已身穿一套褪了色的军装，左臂上戴着红卫兵的袖章，显得格外英姿飒爽。自从8月18日毛主席穿着军装接见红卫兵并对红卫兵说“要武嘛！”之后，满街的红卫兵都穿上了不知从哪里搞到的旧军装。王秀贤从等待主席接见开始讲。她讲她们如何坐在天安门广场上读毛主席语录及高呼革命口号。广场上来自全国各地的红卫兵大约有100万人，大家背诵主席语录的声音及呼喊革命口号的声音此起彼伏地交织在一起，汇成了沸腾的浩瀚海洋，令人热血澎湃。说到这，王秀贤不由自由地站起来，对着我们说：“请大家跟我一齐呼口号：“革命无罪、造反有理！”“舍得一身剐 ，敢把皇帝拉下马”“祝毛主席万寿无疆!”祝林副主席身体健康！”我们跟着她挥动着拳头，大声地喊着。接着王秀贤讲当毛主席出现在天安门城楼时，所有人都激动地流下了泪水。她们疯狂地跳跃着，声嘶力竭地高呼着“毛主席万岁！毛主席万岁！”

为了让红卫兵都能在天安门城楼下的金水桥边更近、更清楚地看清毛主席，头一批站在金水桥边的红卫兵要先撤走，让后面的红卫兵一批批地走近金水桥。当王秀贤走到金水桥后，她贪婪地想多看一会毛主席，可是撤走的时间到了，她只迟疑了一会儿，没想到就多看这一眼的工夫，后面涌上来的红卫兵就象海浪一样把她冲倒在地上。那些急不可待的脚就要踏在她身上时，围在金水桥边的解放军战士们立刻在她周围围成个圈，用身体挡住涌上来的人潮。王秀贤赶紧翻身爬起来，却意外地发现了自己的一只塑料凉鞋，原来在欢呼跳跃时她居然把鞋跳掉了而自己竟毫未察觉。据说，那次主席接见，掉在天安门广场上的鞋竟堆出了一个小山，让大家事后去认领。

最后，王秀贤讲到林副主席在这次接见中作了重要的讲话，号召我们要打倒走资本主义道路的当权派，要破四旧，要打倒一切牛鬼蛇神！接着全班又在她的带领下，背诵起毛主席语录“革命不是请客吃饭，不是做文章，不是绘画绣花，不能那样雅致，那样从容不迫，文质彬彬，那样温良恭俭让。革命是暴动，是一个阶级推翻另一个阶级的暴烈的行动。”

12. 破四旧

很快，学校停课了。老师们人人自危，尤其是语文、历史、政治、地理等科的老师，他们哪敢再按旧的教材授课呀？那些教材已被定为封、资、修的糟泊了。学生们也无心坐在课堂里听课了，甚至贴出大字报《我们已坐不住了》。那时真是解放区的天是晴朗的天，每个学生都因不上课而兴奋激动，个个有被解放的感觉。破四旧（旧思想、旧文化、旧风俗、旧习惯）的革命行动轰轰烈烈地展开着，红卫兵忙着向一切旧世界宣战！

我们院的邻居杨招弟现在已改名为杨革，她是第一批加入红卫兵的。我们在外闲逛，老远就看见她拿着剪子站在街头。我不由得向她走去，眼睛一直盯着她臂上的红袖章，上面写着“毛泽东思想红卫兵”，心里好生羡慕。过去每当看完战斗片或是那些革命浪漫主义的小说，什么《林海雪原》、《青春之歌》、《红岩》等，我们都恨自己出生得太晚，没能赶上抗日战争和解放战争的革命年代。现在终于让我们赶上了无产阶级文化大革命这样一场伟大的革命斗争，我却没有资格投身进去，心里感到无比地痛苦。看到杨革一反过去的自卑，每天神采飞扬、精神焕发的样子，很是妒嫉。人一旦溶入了革命大潮流，似乎就拥有了超越自我的力量。

杨革见到我，刚喊一句“培敏姐——”，她旁边我不认识的一个女红卫兵急促地叫着“杨革，看！——那边！——”说时迟那时快，杨革和那人立刻一个箭步朝一个烫着披肩发的女人扑去，那女人不知所措，懵在那里。三言两语之后，杨革还是将她披在肩上的头发剪去一块，那女人捂着剪短了的那块头发，一溜小跑地跑了。杨革见到我笑着说：

“真是的，自己沾染了资产阶级的腐朽生活方式还不知羞耻。”旁边那个红卫兵问道：

“你说，她回家后能自己剪么？楊革说：

“能！她要不剪齐了，这豁牙乱啃的多难看呀！”然后对着我说：

“这个女的一看就是满脑袋的资产阶级思想，不整她整谁呀！”

那时候，红卫兵们都自认为是最革命的最正确的无产阶级的代表，只要看到谁不顺眼的，抓过来就整，以至于一般人在街上见到红卫兵就胆战心惊，躲得远远的，唯恐自己成为他们作弄的对象。

“你们把人家的头发剪成那个样子多难堪，叫人家一路怎么回家呀？”我问道。

“难堪？剪头发算什么？我们还剪人家的裤子呢！”杨革得意地说。

“那好好的裤子不就给剪坏了？”

“那有什么？谁叫他穿那种资产阶级的小裤腿裤子呢？穿着破裤腿的裤子回家，他下次就不敢再穿那种小裤腿了！”

“听说你们还常去抄家？”

“抄！今晚这家是右派，我最爱抄右派的家啦，真有好东西啊！”正说着，嘭！一声巨响把我吓一大跳，我忙问：

“什么响声？”

“应该是摔亨得利眼镜店的牌匾吧！”杨革想了一想，

“应该是，牌匾由他们男生负责。”亨得利眼镜店在主街上，走几步，拐个弯就是。

“听声，肯定摔坏了！“我说。

杨革笑着说：“就是要摔坏，那是封迠社会的名字不能留！”我没再听，转身向拐弯处的眼镜店跑去。

13. 专政桌

八月底，天气热得让人焦灼。放学时，我在校门口看见了尔娟，我冲着人群喊了一声："尔娟……" 可是她没有像往常那样停下来向我回头，而是抿着嘴，低下头，一脸严肃，加快了脚步继续往前走，像没听到一样。我有些莫名其妙，又喊了一句："尔娟……"结果她反而跑了起来。

这显然是要躲避我，为什么啊？我百思不知其解，也跟着跑了起来，眼看她沿着学校的墙角转个90度的弯，人不见了。我赶紧也跟着转过去，刚一拐弯，却发现尔娟贴着墙，站在那里大口喘气。我也有些气喘吁吁，还不等我问她为什么要跑，她用急促的声音对我说：

"别理我！赶快走！千万别让别人看见我俩在一起，我被专政了，千万别影响你！"

"专政了？专什么政了？我不怕，你怕啥？"我一头雾水，不明就里。

“不行，我不能连累你！”她看我一脸的迷茫，一副要打破沙锅问到底的样子，丝毫没有离开她的意思，眼珠子又开始左右转来转去，脑筋转了个弯说：

“在这儿容易被人发现，我们去小公园的假山吧，你从这道走，我走另外一条路！”

说完她转身就走，根本不给我说话的机会，拐上了另一条岔道。我一边按照她的吩咐向小公园走去，一边心里琢磨着：专政了？尔娟一贯遵守纪律，听老师的话，严格要求自己，从来不惹事，甚至是胆小怕事，什么事竟然要专她的政呢？一定是发生什么大事了，否则尔娟不会如此紧张，还需要分头行动，像电影里地下党接头一样。我一边连跑带颠地走着，一边寻思着。

到了假山后面，尔娟已经在那里等我了。她见到我，没等我发问，张嘴就反问我：“你认识陈秀云吧？”

“认识啊，跟你是一帮一，一对红啊！就是你给她讲，从心脏流出的血是动脉血，流回心脏的血是静脉血，说了五、六遍她硬是记不住的那位，是吧？”

“对，可今天大变样了。她领着五个男生到教室里来，介绍说是合肥大学的红后代，一律穿着旧军装，扎着武装带。他们一站到讲台上，就开始唱：

‘老子英雄儿好汉！老子反动儿混蛋！要是革命你就站过来！要是不革命就滚他妈的蛋！滚他妈的蛋！罢他妈的

官！’说着，尔娟学着他们的样子，一手掐腰一脚做踢球状把最后一句重复了两遍：

“滚他妈的蛋！罢他妈的官！滚他妈的蛋！罢他妈的官！”

我惊呼：“这是陈秀云吗？是那个从不声响的陈秀云吗？”要不是尔娟学给我看，说给她补课她怎么都学不会的事，我都不知道实验班还有这么一个人。

“这年头真说不上谁是人物了！”我心想。尔娟接着说：“陈秀云和那几个人在黑板上画个大表格，让每个人在上面填写家庭出身，然后把两个桌子拼在一起，把用墨笔字写的“黑五类子弟专政桌”的纸放到桌子上面……” 这回尔娟接受了上次的教训，老老实实地填上出身资本家，爸爸是右派，然后就自觉地坐到黑五类子弟专政桌那里了。

我问：“都谁坐在专政桌那里？”

她列举完六个人后说：“就我最黑，人家都是爷爷是富农、地主的，只有我，父亲就是右派，我妈妈说的对，我是子弟，他们是出身。”

我问：“你们坐在那里干嘛？”

“陈秀云让我们在那里写家里的反动发家史，我们的父辈祖辈是如何剥削广大劳苦大众的。”

“你知道吗？”她摇摇头，

“那咋写啊？”我问，

她说：“我上哪知道去啊，我想连我妈也不能知道我爷爷家是如何剥削的，她在天津生完我不到一年就到沈阳了。不行就编吧！”

我听了，有些目瞪口呆，联想到前一阵子忆苦思甜，每个人都说爸爸妈妈到地主家要饭，地主不但不给饭吃还放狗咬他们。我回家讲给我妈听，我妈说：

“这些人真能编，一个人这么说，一群人都跟着这么说，人人都说自己在旧社会要饭，又都说被地主家放狗给咬了。那年代哪有多少家养狗的，再说，狗咬人，能得狂犬病的，是要死人的，他们的爸爸妈妈不还都活着呢么！”

我看尔娟，这次好像没那么痛苦，她似乎在苦闷与无可奈何中接受了命运，她不再撕心裂肺地追问：命运为什么对她如此不公？！她已麻木并习以为常了，她现在很愿意提及她的姨和她的舅，似乎当成偶像来崇拜了。

“实在不行就得编了！” 她自言自语又说了一遍：

“你知道吗？我姨和我舅现在混得愈来愈好了！我姨就很会编！说万恶的旧社会她们家如何如何地穷，在走投无路的情况下，她的妈妈、爸爸如何地把她的姐姐卖给了资本家的三少爷也就是我爸，编的有鼻子有眼的，由不得你不信。尔娟似笑非笑地咧了下嘴。其实，那时没人在意真实不真实，在意的是阶级立场，把鲜花献给该献的人，把粪便甩给该甩的人就是正确，真实不真实无所谓。

没过两天，这股风就从尔娟班刮到我们班来了，也有人身穿黄军装，腰扎着带着铜扣的武装带，唱着同样的歌，满脸的精神亢奋，在那里手舞足蹈地表演。同样也在黑板上画个表，让我们填写家庭出身，也同样设了个专政桌。我拒绝去黑板上填写，一位同学颐指气使地用眼睛斜愣着我，指着专政桌对我说："这边是红五类，那边是黑五类，你说你坐哪边吧？"

我不想像尔娟那样坐在专政桌前，给自己爷爷、爸爸编造些假事儿。"哪儿也不坐！"我不屑一顾地说着，然后愤然地离开了教室，从此后我再没进过教室，除了要把我打成反动学生那次。

此后每天，一进学校我就坐在操场的石头上，这样坐了三、四天。一些我的科任老师常会走过来，问我为什么天天坐在外面，我和班主任关系不好，但科任老师都喜欢我，因为我学习好又爱发言。当我如实地说完让我坐专政桌的事以后，大多数老师都会唉叹一声，然后噤若寒蝉般地走了。记得最清楚的，叫我有些感动的，是一位化学女老师。当我再一次重复了自己拒绝坐专政桌的过程后，只见她眼睛有些湿润地说了一句："非要把国家搞成这样么？"

我睁大眼睛看着她。我不理解这句话的含义，但她的表情和眼神，打动了我。对于那时的我，对国家这个概念还不大清楚，看不见摸不着的。不过我实在不能理解为什么我自己现在的处境却得跟据我的爷爷和爸爸的穷和富来决定。他们的穷和富就那么重要么？就决定着我该坐在哪儿，该不该被另眼相看？我百思不得其解，出神地望着校园东侧的一片小树林。我不由得回想起二、三年前校园的景象，那时课业负担不重，早早就放学。放学后大部分同学都参加各种校队，留在校园里打球、跑步、做体操，校园一片生龙活虎的景象，我们可以根据自己的兴趣，参加自己喜欢的活动。没有校队活动时，我们就仨一群、俩一伙地在小树林里谈心。我和尔娟聊得最多，夕阳里，一切都被笼罩在金色中。我们谈着未来，谈着理想。

那时候，真是少年不知愁滋味，哪里知道我们还未曾长大就开始被专政。面前的路处处都贴着此路不通的告示。命运哪是我们自己可以设计、梦想的。

14. 我要去北京

我就这样天天坐在操场的石头上，不能看书，也无书可看，只能看着树叶被风吹得乱动，云随着风飘浮。校园里的人，眼看着越来越少，原来，全国性大串联已蔚然成风了，那些出身好的，胳膊上带着红卫兵袖章的同学，都离开校园，奔赴全国各大城市串联去了。学校只留下我们这些没有资格当红卫兵的、出身不好的一批人了。我们索性就不去学校了，我也不再去坐操场的那块石头了。不过听见这个人被毛主席接见，那个人被毛主席接见，我和尔娟都心痒痒得不行！

大概十月底，天已寒气逼人。周围的同学纷纷兴高采烈地从北京归来，都在激动无比地讲述毛主席接见他们的场面，这已是毛主席第五次接见进京的红卫兵了。我决定要去火车站闯一闯，但尔娟不敢。我说：“你就在车站候车室等我，我先去探探风，能闯我就回来找你，闯不成，我们就回家！”

果然没有闯成，因为我从廊桥刚要往下迈台阶时，就发现有“纠察队”。两个戴着纠察队的袖章的高个男生站立在楼梯最后一阶处，分左右两边把守着。戴着“红卫兵”袖章的人纷纷从我身边往下迈着台阶，并向纠察队员出示他们红袖章或出身证明介绍信，然后走进火车里。我知道我们无法闯过，第一我们没有红卫兵袖章，第二没有贫下中农出身证明介绍信，无计可施。我不甘心地回到候车室去找尔娟，候车室里挤满了人，因为红卫兵大串联，几乎所有的火车都无法准点发车。那时人能一个星期洗一次澡都是相当不错的了，大部分人最多一个月才能洗一回澡。加之烟民们肆无忌弹地抽着烟，候车室里乌烟瘴气，那股难闻的味道令我刚走进几步就不得不往外退。突然听到尔娟喊我：“培敏！”，我对着尔娟摇着头说：“百分百是不行了！纠察队查得老严的了，去不成！”

往回走的路上，因为无法看到伟大领袖毛主席，我俩的心情都非常失落。不过这次没闯成倒是件幸运的事，后来尔娟告诉我：“高三的高琦及吴小芳，出身不好，她俩倒成功地闯进了北京，但在等待毛主席接见的日子里，不幸被同学发现了，纠察队接到密报后，立刻把她们从北京揪回学校，并在班级里对她俩进行了批斗。”尔娟因为原来出过大名，有些外班的朋友，所以消息很灵通。

15. 尔娟的继父

冬天，东北的冬天，没有学上的冬天，只能闷在家里的冬天，对我来说确实很难熬。可就在这档口，尔娟居然搬到我们院来了。当尔娟站到我面前，告知我，她家搬进来时，我简直难以置信，喜出望外地连蹦带跳。两个时代的弃儿，在非常需要彼此的时候，居然竟聚到一个院子里来了，真是件难得的，极让人开心的事。而她家能搬进我们院，则是她继父的功劳。

我们院和姨家也就是尔娟小时候住的的院落很像，都是满洲国日本人留下的产物，只不过姨家的院落是呈口字状，而我家的院落是扁扁的日字状，也就是说和尔娟家不同的是，院子中央多出四户人家，我家就是这四户人家的一户。再一个不同就是面向马路的那排房子是个两层楼，尔娟家搬进的就是二层楼中的一楼，这回是她家紧挨着院门口了。

尔娟很兴奋，不光因为我们俩是邻居，也因为她找到了童年时的感觉。和小时候的家一样的木地板，一样的独立厨房，一样的水冲式厕所，最主要的是——日本式的房子墙壁特厚，窗台也就特别宽，她又可以在上面表演节目了，她小时候就常常和她妹妹在窗台上表演节目给她爸爸妈妈看。人一兴奋话就多了，尔娟说，她后来搬去的那个家非常小，原来的家具、钢琴都因新家没地方放而留在原房子里。一个大院只有一个公共厕所，上厕所要排队，而且冬天粪便被冻得冒出尖来，很多人等不及，就在茅坑外面大便，从而进厕所都无处下脚。她说，刚搬过去时，她拒绝去厕所大便，小便就用尿盆。她妈妈开始时还很心疼她们，领她们到附近的火车站去大便，但后来由于经济没有来源，她妈妈不得不去变压器厂做翻沙工，每天回来已精疲力尽，她才不得不去公共厕所大便。

不过说实在的，尔娟能和我一个院我当然高兴，但我去她家串门的时候，偶尔还是会情绪低落，因为它会引起我对这家原来的住户姚叔叔的死亡感到的哀伤。姚叔叔原是鼓风机厂的副厂长，虽然是副厂长，在批斗走资派浪潮中，他照样没逃过。在批判他的大会上不知为什么，可能是心脏病发作，竟死在现场了。据说当时，他只是心绞痛，大汗淋漓，倒在地上，人还没有完全昏厥过去，如抢救及时，是没有生命危险的。可群众认为他是耍花样装死，一个劲高喊“痛打落水狗”，“踏上一万只脚，叫他永世不得翻身”。等群众把时髦的口号群情激昂地翻来覆去喊得差不多了的时候，发现姚厂长真的死了。死了就死了，在当时，从北京传来的口号是“好人打死坏人，活该！”因为是走资派，家里人一句话也没敢多说。至于如何把姚厂长的家人撵走，尔娟家如何能搬进来，这中间的过程就不得而知了。

第一次看见尔娟的继父，我真的有种说不出的感觉，心里就是感到不舒服。其实他长相并不太差，中等个子，不高可也不矮；很结实，不胖也不瘦，唯一出奇的就是黑，常会使人想到他当年曾是锅炉工的身份。我反感的是他脸上的表情和作派，一付自以为了不起的样子。他走起路来左晃右摆，说话时总是扬着脸。他说的话虽然空洞，但却很有力，句句都带着惊叹号。他的手还常常张开五指向空中砍去。

新搬来一家邻居，院里消息灵通人士的大嘴巴就会喋喋不休议论一阵子。据说尔娟的继父原来是变压器厂的锅炉工的小头目，这位继父的爸爸是个瞎子，常常走街串巷给人算命讨口饭吃。解放后，算命的被算作封建迷信之类遭到了取缔，他的爸爸就不敢再给人算命了。但是他精于察言观色，见人说人话，见鬼说鬼话。他的这些特技全无保留地传给了他的儿子，所以尔娟的继父很能讲。一九六六年十一月初，上海成立了《上海市工人革命造反总司令部》后，沈阳的工人们也立即成立了“沈阳硬骨头工人造反派团”，尔娟的继父居然成了工人造反团的头目。尔娟的继父是全厂第一个跳出来给厂长贴大字报的，很快他就树起旗帜，成立了工人造反派组织。他带着几名弟兄抄了厂长的家，并召开了批斗大会。变压器厂是市里有名的大厂，批斗走资派时声势搞的得特别大，所以他很快被市造反派组织选中，当上了市一级造反派组织的副总指挥。

他经常挂在嘴边的一句话是："我家解放前是地无一垄，房无一间！"这在当时是典型的无产阶级，最好的出身，自然腰杆硬硬的。她继父喜欢卖弄和当时知名造反派人物的亲密关系，常常说些大话，因此十分得意八面威风。

院里灵通人士讲，尔娟这位继父曾有过生活作风问题，那时男女有不正当的关系都被称为有生活作风问题。为此他的前妻带着孩子走了，跟他离婚了。他也因此受了处分，被贬到锅炉房烧锅炉去了。院里一个老婆子立即问："不正当关系，女方是不是现在这个老婆呀？"对方说："这我不清楚，不过现在这位老婆是翻沙工，她们车间离厂鍋炉房很近。"另一个老婆子抢过话说："他不吃亏，这个老婆可是地道的美人，听说她前夫还给她留下不少家产呢。"

一九六七年一月《人民日报》刊登关于上海的"一月风暴"的文章后，全国立即掀起造反派夺权的狂潮。尔娟的继父当上市造反派副总指挥，不但搞到了房子，还搞到了沙发及沙发床，据说是一位被打倒的作曲家的家具。那时几乎没谁家有这些东西，家家都是硬板床和硬木板椅子，有个衣柜就不错了。记得我第一次到他家坐沙发时，因为没有料到那么软，以为坐稳了，可是整个人却好像仍然往下沉，这感觉把我吓了一大跳。尔娟看到我陷进沙发后居然还发出哇的一声惨叫，就咯咯地笑了起来，这让我想起小时候她骑在她爸爸脖子上的笑声，好久没听到她这样笑了。

我感到很窘，立刻呛了她一句："敢情你小时候坐过沙发了？我从来都没见过沙发，别说坐了。"

我不喜欢她的继父，索性问尔娟："你妈怎么给你找了这样一个爸爸呢？瞅着特没文化。"

尔娟很直率地告诉我："出身好哇！我妈说了，现在什么都看出身，我家的富反坏右出身不改，我和妹妹还好说，将来找个出身好的嫁了就算了，我弟弟不改出身，将来连媳妇都找不到，我妈说，老于家就这么一条根总得留个后吧！"

忽然尔娟话锋一转，带着满脸的成熟说："培敏，一个家庭从好到坏会遭遇到很多的改变，但最让人难以接受的改变是亲人的脸。以前在姥姥家，从上到下，全家人都喜欢我，现在人人都喜欢我表妹，不就是因为我家出身不好，让人瞧不起么！我妈有一阵子都不愿意回娘家了。现在，我妈回娘家可又不一样了！"尔娟不愿意提到她继父，但我知道所谓"现在"就是她继父成了市里的造反派头目以后。她说这话时，脸上的表情先是无奈，继而是失望以及透骨的寒心，临到末了那句，一丝亮色定在她的脸上。

我发现尔娟有变化，似乎有一种世故在里面？但我不很确定。我呢？我变没变呢？

16. 通往“乐”的路条

我和尔娟一个院住着别提有多好了，我们可以一起看书、闲聊，甚至弹琴。那段时间，造反派老能找到新的该批判的对象，我们这些首批的靶子——出身不好或者家庭有严重政治历史问题的人早就过气了，没人理我们，这感觉真好。

说起看书，还真是借了焚书坑儒的光，这焚书反倒让我们有书看了。破四旧时红卫兵天天忙着抄家，抄来的书是一定要烧的，所以隔几天凑上一堆就要烧一次。尔娟第一次看见烧书后就过来找我，说她看到那些世界名著被胡乱堆在一起烧了，心疼极了，好几次冲动，想趁人不注意把书从火堆边上踢出来，但是心都快跳到嗓子眼了，最终还是没敢，她问我：“你胆子大，你敢吗？”

“不敢！我可不敢给我妈添麻烦。”那时我妈见有些孩子在外面胡说八道，把家弄的家破人亡，整天对我唠唠叨叨，耳提面命。倒不是说我胆子比以前小了，而是看懂了，妈妈其实是活在胆颤心惊的状态中。她头发近一年白了很多，皱纹也增加了很多，我也真的应该懂事了。

可是尔娟眉头紧皱，我知道她是觉得太可惜，我也觉得可惜，也眼馋那些书，书中描写的那些跌宕不羁不同寻常的生活，对我很有吸引力。后来我想到了一个人、我们院子里的杨革，就是原来叫杨招弟，四旧时改名的那位，革即革命的意思。她的妈妈没文化，是她爸爸大跃进时从农村带进城里的，但就是出身好，自己常说：“我家祖宗八辈都没一个有问题的，清一色的贫雇农。”这样她妈妈因政治可靠就当上了院里的居委会主任。

这天，我主动到她家，她感到很兴奋。趁她妈出去时，我跟她说：“那些书烧了真可惜，我好几次想把书从火堆边踢出来拿回家，但我家有海外关系，我不敢。你家出身好，就是把书拿回家，也没人敢斗争你，斗争你就是犯了阶级路线错误，就是迫害贫下中农子弟。”她听了很受用，但寻思了一会儿说：“当大家面，往外踢书，肯定不行，你知道那都是封、资、修黑书！不过你真想看这些书，我就在没烧之前，趁人不注意，给你偷回两本倒也不是不可能。”听后，我暗自惊喜，一迭声地谢谢。

第一次她拿着两本书来我家，我记得很清楚，一本是《红字》，薄薄的；另一本是《贵族之家》，也是薄薄的。刚开始别提我多喜出望外了，一个劲儿地说着太好了，太好了。可喜悦过后，一种强烈的不满足感涌上心头，我说："唉，那么多书，你咋就拿两本啊？" 她诡秘地笑了："我还藏起了几本，这两本我往裤兜里一揣，就往你这跑，他们谁也没发现，如让他们发现，我妈就得知道了，那我妈还不打死我？！"

就这样，如法炮制，聚沙成塔，一本本《简爱》、《高老头》、《双城记》、《浮士德》等等，蚂蚁搬家似的搬到了我家。尔娟见到这些书非常兴奋，捧着书来回地抚摸，放下这本，拿起那本，就好像一个饿了太久的人，突然面对一桌琳琅满目的酒席，不知道该吃哪盘好似的。

可是当她把书拿回家准备看时，却被她妈妈发现了。第二天她来还书的时候，完全没有了昨天的兴奋劲儿，一付期期艾艾的样子，她嗫嚅着说，她妈妈昨天脾气发大了，把书都给撕了，我这才注意到她的手一直背在后面，她不好意思地从身背后拿出被撕坏的书，学着她妈，压低嗓门却恶狠狠说话的样子："我不看书，活得好好的！你爸倒爱看书，被打成了右派，把家里弄得这么惨。我告诉你，你要不想好好活，你就看这些东西！不定哪天把你打成反革命！"

望着被撕坏的书，我真是心痛极了，怎么净遇到这些没文化的人呢！尔娟见我满脸的哀怨，捧着撕坏的书不放手，赶忙说："我可以帮你修补，不会耽误看的！"

唉，我能说什么呢？难道打一架不成？！

现在尔娟和我住在一个院子了，索性天天来我家，几乎一呆一整天，我们一本接一本地看起来。应该说我们的生活与书中描写的生活方式完全不同，书中很多描写，我们无法理解也无法想象。

“喝咖啡？”我问尔娟：

“什么是咖啡？”

尔娟说：“别问我，好像我喝过似的，这可是资产阶级生活方式啊，我，癞蛤蟆掉井里——不懂（卟咚）！”

现在随着文革日益深入地发展，在“要扫除一切害人虫，打倒一切牛鬼蛇神”的宗旨下，被批斗的人愈来愈多。除了军队，几乎所有的当权派都已成为走资派，他们被关进牛棚，每天面临着随叫随到地批斗。所有带着头衔的知识分子都被定为反动学术权威，照样被抄家、批斗。但他们在五七年反右后普遍学乖了，都不是一般地谨小慎微，而且他们手中无权也就没得罪人，所以批斗他们的场面比批斗走资派的场面就差多了。文艺站线及教育战线就不一般了，那是毛主席指定被资产阶级统治了十七年的地方，是红卫兵最先吹起战斗号角，要造反要夺权的地方。几乎所有发表的作品都被定为大毒草，都受到了批判。那些作家、演员和教师都是最先遭到围攻和斗争。

随着文革斗争形势的深入发展，我家开始热闹起来。开始是高琦和吴小芳来我家，就是被纠察队从北京揪回学校，被班级批斗的那两位。高琦家出身地主，但她一直以爸爸是抗美援朝的战地记者，妈妈是文工团的舞蹈演员而骄傲。

她常说她妈妈是在抗美援朝中受伤死的，只是因为死在后方，没死在朝鲜战场上，所以没算作烈士。她老想用爸爸妈妈的英雄事迹去抵消地主的家庭成份，但是没用，她依旧当不成红卫兵，去北京照例被抓回来。吴小芳也是出身地主资本家，因为沈阳拥有很多著名的国内第一流的厂矿，小芳的爸爸留学美国归来，人材难得，自然被输送到沈阳，担任鼓风机厂总工程师，小芳自然随她爸爸从上海来到沈阳的铁西区。铁西区是这些大工厂的所在地，所以这些工厂的大部分干部子弟及区一级干部的子弟都集中在我校，而市一级的干部子弟则都集中在实验中学、八一中学和育才中学。小芳的爸爸每月工资有230元。那时候普通工人的工资才四、五十元钱，养活全家五六口甚至七八口人，家里能有个科长爸爸，每月赚个87元，就算很富有了。可就这位家里月收入230元的小芳同学，却一定要她妈妈在每条新裤子的膝盖部位打块补丁，否则就不肯穿新裤子。小芳的妈妈从小是保姆带大的，哪里会作针线活儿，只能求左邻右舍帮忙。左邻右舍听说要在新裤子上打补丁都奇了大怪了，“我们作梦都想穿新衣服，一年到头就盼着春节，好能穿上套新衣服，这怎么新裤子不穿，非要打块补丁才肯穿？”她妈妈无奈地说：“全班同学裤子的膝盖上都有补丁，就她没有，她受不了。政治辅导员也找她谈话，一再要求她要注意资产阶级思想的改造。就给她加块补丁吧。”她妈妈央求着对方，“这样她就可以和别人一样了。”

小芳长得粉面桃腮，细高的个子，虽然牙床有点高，但一白遮十丑，仍十足的江南女子的味道。她没有什么文艺细胞，但就是学习好，比班里的同学提前两年即五岁上学，但考试排榜总是独占鳌头，这使她成了学校里的小名人。

因为高琦和尔娟熟，她们在家待得无聊，听尔娟说我家有书，就过来蹭书看。当然人多也热闹。后来，梅怡也来了。梅怡的妈妈和高琦的爸爸是一个出版社的，自然也是邻居，那时，一个单位的同志都住在一个楼或者一个院里。梅怡是初二的学生，一付天真的模样，她的脸型、五官、身材都好，就是一只眼睛有点斜。但这不影响她登台演出，因为她有着一副金嗓子，那时，特时兴女高音，她一唱到高音部，台下立刻掌声雷动，因为没人能唱得了那么高。一天，她坐在在我家的窗台上，身子靠在窗台的侧壁上，头半仰着，一只脚翘在窗台的台板上，一只脚垂在地板上。她不经意地对大家说："我将来找男朋友……，"这话一出口，简直把大家都惊呆了，所有的目光都朝向了她，看书的不看了，闲聊的不聊了。高中生都不敢谈论什么男朋友、恋爱等课题，她小小的初二学生居然这样大大方方地对着大家大声说起找男朋友的事？只见她仍旧仰着头，也不看大家，似乎在梦境中说道："我将来找男朋友就找那不会唱歌，又爱听我唱歌的。每到洗碗的时候，我就对他说：'想听我唱歌么？'他就会说：'想！'我就说：'那你洗碗吧！我给你唱歌！"大伙一下子都笑了说："真是个懒蛋！"

她妈妈是个文字编辑，但却写了一部小说，结果书被定为“大毒草”，人也被定为牛鬼蛇神，照例被批斗，而且还被游街。游街前给她妈剃了个阴阳头，就是一半光头，一半留发。游街时，还在她妈妈脖子上挂了一双破鞋，意指她妈是“破鞋”，“破鞋”在我们北方是作风不好，乱搞男人的意思。后来听梅怡对我们说，是有人想占她妈的便宜，她妈妈不从，没想到这位癞蛤蟆想吃天鹅肉的主儿，居然当上了造反派的头儿，此人怀恨在心，搞出这一出儿来侮辱她妈。梅怡哭着跟我们说：她妈妈被批斗完回家，一头扎在床上，嚎啕大哭，她和两个弟弟站在屋子的一角，呆呆地看着她，为她觉得可耻，不肯过去安慰她。梅怡用手背擦试一下泪水，接着说：“我爸爸真好，我从来不知道我有这样一个伟大的爸爸。爸爸进门后，先是安抚妈妈，然后把我们姐弟三人叫到床边，爸爸手握着妈妈的手对我们姐弟三人说：‘你妈妈是非常正派的，她是无辜的，所有的事情爸爸都了解，只是你们小，爸爸说了你们也不明白！爸爸就要求你们一件事：不要听社会上的闲言碎语，要相信你们的妈妈！她是值得你们尊敬的！’”。说到这，梅怡已泣不成声，我的眼泪也稀里哗啦地流了出来，再看尔娟也已是一脸的泪水。

为了转移这悲伤的情绪，我找个话题，对梅怡说：“你妈写的那本书我看过。”

“你怎么看到的呢？”

“尔娟借我的！”

尔娟赶紧说："高琦借给我，我又借给她。"

"你妈的书别的我记不清了，有一幕到现在还记得。书里写一名演员为了表演好一场从山上急速往山下跑，跌倒在半山腰的戏，每天清晨在山坡上练，练得膝盖跌破一层又一层，最后的结局是她成了一名人民的艺术家。当时这段内容非常激励我，使我觉得做什么事就应该有这个劲儿。这有什么错么？怎么就大毒草了呢？"我现在不知为什么，心中总有很多问题要问。

"说我妈宣扬的是资产阶级的名利思想啊！"

尔娟冲着我，接了一句："别看你整天斗私批修，整天学习毛主席语录，还是没有识别能力，鉴别不了毒草吧？！"

"真的，我每天都在检讨自己，弄半天思想还是资产阶级的。"我用手往脖子上一抹，"应该把这个东西割掉！"大家都被我逗得破涕为笑。不过我说的真是实情，翻开日记本，那就是检讨书的汇集，也不知为什么，一遇到具体事，这"资产阶级思想"就本能地冒出来，害得我每天都在批判自己。日记里除了检讨就是对自己提出些高标准的要求：什么"我要向雷锋同志学习，不为名、不为利，为党和国家献出自己的一生，甘心情愿地为党作颗永不生銹的螺丝钉"等等，当然，这些都是当时很时髦的语言。

在这以后，来我家看书的就是于非。于非长得不算好看，但人缘极好。她无论人前人后对谁都是溢美之词，但是没有人觉得她虚假，因为她真的从心底欣赏每一个人。她不但欣赏别人也自我欣赏，虽然五官平平，但自我感觉一直良好。一天，尔娟背倚着窗台的侧面墙壁，坐在窗台上，光从侧面打在尔娟的脸上，那低头着书的样子就象雕像般美丽。小芳看了一会尔娟，问大家："你们说这尔娟咋长的呢？真挑不出什么毛病来。"尔娟没有抬头，眼睛仍盯在书上，只是抬起手点着自己的耳朵说：

"我妈说我长了一对招风耳。"这一下话题就来了，这个说自己鼻子短，那个说自己嘴太大，突然于非站起来走到我家的镜子前面，仔细地端详了一会自己，随后对着镜子轻轻地晃了下头并露出一絲微笑。大家都以为她坐下后会随着大家说她自己的眼睛如何小，嘴巴如何大。不料她却说一句：

"其实咱们长得都挺好看的。"大家互相交换下眼神，都不再说话了。"

因为于非妈妈是小学的校长，她从小学起就是学校合唱团的指挥，进入我们学校以后，一有大会需要指挥时就改由她指挥了。当她站在操场的讲台上，指挥大家唱歌的时候，那沉稳的举止和神态所表达出的自信美，着实很有魅力。只见她拿着指挥棒，抬起双臂，冷静地用眼神把全操场的同学扫视一遍后，突然有力地将右臂扬起再落下…，那掌控全局的神情和气势确实很是迷人。

她爸爸当年为了抗日，放弃了正在大学攻读的法律学业，一心想着奔赴革命圣地延安，但怕日本人知道他投共抗日，家里遭迫害，就特意把衣服留在河边，假装游泳被淹死。这个场景骗过了日本人，也骗过了她奶奶。老太太闺女有几个，儿子就这一个。她为了这个独生子的死天天哭，居然把眼睛哭瞎了。更倒霉的是她爸爸在投奔共产党时，误入了傅作义的部队，发现不对，赶紧偷偷逃跑，去了延安。

现在，就因为她爸爸在傅作义的部队里待了三天，怀疑她爸爸是国民党特务，一次次地批斗，逼她爸爸交待特务罪行。我听后只能冷笑："长的什么脑袋啊？特务是三天就能培养出来吗？！再说刚到那还没三天，国民党就那么信任你啊？！猪脑袋！"

"这话可不能出去说……"尔娟扯着我衣袖小声地说。然后偷偷地告诉我，于非的爸爸已自杀了六次未成。最近一次在前往批斗场地的路上，她爸爸趁人不注意就从车上往下跳，希望能摔死，结果不但没摔死，头撞在铁丝网上，整个脑袋摔得像血葫芦一样，惨不忍睹。

总之，来我家的人都有一段不堪重负的血泪故事，只有贺文佳没有。贺文佳是我和尔娟的初中同学，考入高中被分配到高一.二班。那时学校排班很有意思，一班、二班是本校考入的学生；三班、四班是外校考入的学生。每班44名学生，44号是考分最高的学生，我是一班43号，屈居第二名。一班的壹号是班级考入分数最低的，但却高于二班的所有学生。贺文佳在二班排名是33号，总之，文佳就是个中等的学生。她到我家来不是为了蹭书看，而是因为学校停课闹革命，她也是属于我们这一伙没资格闹革命的人，离我家又近，就经常过来。

文佳是湖南人，爸爸是清华大学毕业生，作为人材输送到沈阳，全家就从湖南搬到沈阳。文佳是典型的湖南美女，后脑勺圆圆的，象半个西瓜扣在上面，两个小辫细细的，摆放在西瓜的两边。两只眼睛也是圆圆的，眼球总是轱辘轱辘地乱转，闪着光。嘴唇红红的象只樱桃。她虽然学习成绩不拔尖，但看问题却从不人云亦云，她有自己的角度，常与众不同。她好象羞于说好听的话，每当她要表扬谁时都用反话的形式说。如果她惊叹你瘦了，她会问你："咋啦？几天不见，咋变成柴禾了呢？"如果你爱看书她会叫你『书虫子』，如果哪天你打扮得好看点，她会注视良久，然后一句"分外妖娆！"她爱讲话，一次我去她家，她不在，她妈说她打酱油去了，那时酱油不是成瓶卖的，而是自己提着自家瓶子去商店按规定分量买的。她妈说她已去了半个多小时了，我说那早应该回来了，她妈崭钉截铁地说："不会！她见到树桩子都能聊半个小时。果然，我在她家又等了半个多小时没见她回来，真不知她拎着瓶子跟那个树桩子聊呢？这酱油真不知打到哪去了？

过去我们同学之间，只知道谁学习好，谁学习不好，至于父母做什么的都不知道，现在见面就探听父母的情况。文佳的爸爸也是一个研究所的副总工程师，那时的研究所，尤其是小研究所，几乎都无事可做，员工都是混日子。这是因为这种机构是当年学苏联的模式，每个局或部委无用论需要与否都必须按规定设置，每年都出不了多少科研成果。文佳的爸爸简直就是文革中的一个神话，家没被抄，人也没被批斗。我们问："那你爸爸有没有大字报啊？"文佳说，就一张大字报，题目是"不说人话尽放屁！"。很多人不认识文佳爸爸，满脸的懵懂，我是第一个反应过来的，止不住肆意大笑起来。因为初中时，我到过文佳家一同作作业，见过她爸放屁，那真是很不一般。她爸放屁时根本不在乎四周是否有人，就毫无掩饰地把屁股一抬，一个响屁就出来了。别人在这时都会害羞得不敢抬头，她爸却"脸不变色，心不跳"，仿佛这屁不是他放的一样。那次，在文佳家，屋里鸦雀无声，我们正专心地解着题，忽然听到一声巨响，把我们吓了一跳。这屁声分明来自她爸的方向，我抬头向她爸望去，他爸却正常得像没事儿人一样。我赶紧低下头，憋着嘴在心里笑，后来实在有些憋不住了，就用两手使劲地捂着嘴，肩膀却已抖得不行了。文佳对我说，越是在非常严肃的场合，越是鸦雀无声的时候，她爸越放屁，每次都惹得会场里的人哄堂大笑。但是她爸屁多话少，一天说不上几句话，当领导问她爸的意见时，她爸从来都一个回答"没有"。再之后，你怎么问她爸就像没听见一样，再多一个字都不说。大字报揭露她爸不说人话，就是说他什么事都表示意见，说是白养活这么个人。但她爸是最高学府毕业，研究所还需要这样的文凭来装点门面，再说研究所的人，一个个不都是政府白养的么，又不光她爸一个。大字报还说她爸在传达文件时，居然敢公开放屁。但放屁不犯法，归不到任何罪行里。其实在最沉闷的时候，她爸那记响屁常常是大家需要听到的，随着一声屁响，大家借机肆意地开怀大笑，感觉生活似乎有了点乐趣，每个人都觉得放松了很多。所以她爸人缘很好，躲过了所有的政治运动。

为了文佳爸爸这样的神话，我妈还特意找我谈过话，我妈说："尔娟爸爸也是副总工程师，文佳爸爸也是副总工程师，一个死了，一个至今都还是安安全全的，你知道是什么原因吗？"妈妈把左手的食指，放在嘴上说："就是要守口如瓶，我就担心你这个嘴！"

此时我的嘴早已噘起来了，我妈妈一天总是担心这，担心那的，尤其是从来不看我的优点，天天拿着放大镜找我的缺点。所以她一跟我谈话，我就噘嘴，知道下面一定是教训我的："你看人家尔娟，看书累了，就拉琴，很少说话，人家接受她爸爸的教训了。你看你，屋里就数你和高琦活跃，就你俩话多，你以后要学文佳的爸爸，这样你才能一生安全。"

"妈！我是西红柿，你为什么老让我变茄子呢？"

"过去一说你，你就噘嘴，现在看了几本破书，不但噘嘴还知道顶嘴了！" 寻思一会儿，我妈对我说："别再往家招人了，让邻居注意到，还不说咱家是裴多菲俱乐部？"

说是裴多菲俱乐部我不同意，说是俱乐部倒也贴边，因为看书累了的时候，尔娟就老给我们模仿革命样板戏的人物，逗得我们笑得前仰后合。那时几乎所有的歌曲，都被定性为资产阶级的靡靡之音，只有样板戏可以大张旗鼓地唱，男女老少每个人都能来上两句，但像尔娟这样，能把电影里那些镜头表演出来的，却没人行。尔娟没事就给我们学《沙家浜》里的阿庆嫂，学《红灯记》里的铁梅，尤其是学《智取威虎山》里的座山雕时，把我们逗得哈哈大笑。我至今还能回想起，她怎么在一张圆木凳上360度转圈，一甩衣袖，吹胡子瞪眼的样子。这本应是苦闷的日子，但却被我们活出了色彩。

有一天尔娟说："让他们行万里路去吧！我们在家'读万卷书，交四方友'。"

大家立刻七嘴八舌地揶揄她："还万卷书呢！百卷书都不到！"

"还四方友呢！都是同学，连学校都没出过！"

"别自我安慰好不好？！"

我和尔娟是同一个感受，不是自我安慰，我喜欢这种"没人管"的日子。我曾把这种苦中作乐的感受写在了日记里：

他们
走了
兴高采烈
奔赴
祖国四面八方

他们
拥有“乐”的通行证

我们
留下
满怀羡慕
困在
家的四壁之中
我们
没有通往“乐”的路条

倘若
倘若我们
我们可以苦中作“乐”
哈哈哈
那就不需要路条

17. 尔娟遭谤

可惜好景不长。尔娟有好几天没来我家了，开始我以为她去别的同学家玩去了。这天晚上，尔娟的妈妈破天荒地来到了我家。尔娟的妈妈从来不串门，也不和院里的任何人联系，今天居然到我家来了，而且跟我妈耳语了两句，我妈就示意让我出去。天很黑，东北四月的晚上还是凉嗖嗖的。让我在外面等着，什么事搞得这么神秘？好在尔娟妈妈的话不多，很快地就走了。她跌跌撞撞的步子，给人一种失魂落魄的感觉，这使我更加疑惑。

一进门，妈妈就像布置任务似的，对我不容置疑地说："以后你要天天去尔娟家，和尔娟在一起。"

"她要不在家呢？"我反问。

"她在家，你去吧。"

我皱起眉头，表示抗议："我不喜欢她后爸！"

“她爸不在家了，告诉你陪着尔娟，你就陪着，别废话！”

第二天，我妈临上班前就催促我，撵我去尔娟家。我到尔娟家拉开门一看，家里只有她一个人。那时家家都兴叠被格，被子叠在一起算是家里唯一的装饰物了，一般都摆在面向门的位置上。尔娟正靠在被格上，我一进门，她慌张就像受惊的鸟。当她看到是我，眼里的惊恐转瞬消逝，似乎松了一口气。但她仍旧一动不动，面无表情目光呆滞。我被她的表情吓坏了，居然一句话都说不出来，我盯着她看了许久才问了一句：“尔娟，你咋地啦？”

一点反应都没有，我不由地慢慢走近她，轻轻推了她一下：“你咋地啦？” 她仍然没有反应，我着实有点害怕了，对尔娟说：

“尔娟，别吓我，你到底咋啦？”

可她依旧还是老样子，瘫软着似乎没有一点力气，眼神空洞地望着斜下方。前几天她还神灵活现给我们演阿庆嫂、座山雕呢，怎么今天就这样了呢？我手足无措，不知尔娟到底是怎么回事，也不知怎么样才能让尔娟好一点。正当我无咒可念，想不出辙来时，尔娟有气无力地说了一句：

“净胡说八道！”

我一愣，连忙追问：

“谁胡说八道？”良久没有回音，我正待再问，尔娟又一句：

“净胡说八道！”

我知道她根本就没听到我的问话，她的思想应该是停留在了某一处，但没在这个房间里。之后，每隔一段时间，她就重复一句

“净胡说八道。”我突然想到鲁迅笔下的祥林嫂，她不也老是说：

“我真傻，真地……”，我觉得脊背有些发凉，毛骨悚然的。这还是我的好朋友尔娟么？

总算熬到中午，尔娟妈妈回家来了，我逃一般地回到自己家，赶紧问妈妈：

“咋回事啊？尔娟怎么像精神失常了呢？”

我妈也是眉头紧锁，欲言又止，想了好半天，不想跟我说吧，怕我不知道自己肩头责任有多大，也就不得不说：“她妈来咱家就是求你白天看着她，怕她疯也怕她自杀。”

“自杀？前几天还好好的，怎么突然就这样呢了？”

“别问！过两天她妹妹就从姥姥家回来看着她，这两天你就陪着她好了，别瞎问！”

可是纸包不住火，当晚，我还是知道了其中的原委，是杨革告诉我的。原来尔娟的继父被捕了。不知什么部门还为她继父的罪行搞了个展览。开始大家也都没当回事，今天这个被逮进去，明天那个放出来，大家都已见怪不怪了。杨革的妈妈组织院里人去参观学习受教育。每个人都不情愿地走过场地去了一趟。不料回来后，院里的老郭太太说她看到了

一句话，说尔娟继父“玩弄女性，其中竟有她的继女”。这样院里人来了兴趣，都要求重新再参观一次，甭问，就为了找到这句话，眼见为实。

我妈见我知道这件事后跟我说：“她们也来约我了，我借口有事没跟她们去！谁知道真假？！关进去后，让你说啥，你就得说啥，逼供说出来的话哪有真的？”

突然一种蔑视的表情出现在妈妈的脸上，她说：“这些人到现在也没搞明白尔娟的继父到底因什么事被捕的。一听到玩弄女性这样的事就兴奋了，还在那紧着猜：是大女儿？还是二女儿？你杨姨说，肯定是大女儿。二女儿虽然长得也不差，但瞅着朴朴实实的，不像大女儿长得风流，一天又拉又唱的，一看就不是个本分人。”

听到这话，我泪水夺眶而出，这太诬蔑人了，我替尔娟觉得莫大的冤屈。我哭着问妈妈：“怎么不本分了？唱歌拉琴就不本分了？人怎么可以这么坏呢？这不是整人，这就是杀人！这比杀人还狠，这让尔娟怎么见人？怎么做人？尔娟几乎每天都在咱家，天天像小鸟出笼似的，如果有这样的事儿能这么快乐么？我就不明白为什么老有横祸往她头上砸！”

我妈原本就喜欢尔娟，再加上我连哭带喊的，我妈也泪汪汪地，抖楞出来细节：“尔娟那两天没来咱家，是因为组织上找她谈话，让她交代她和继父的关系，还说她继父已经承认了，就这样，两天连唬带吓后，尔娟回家就变成现在这样子了，尔娟妈白天不敢请假，这不求你看着她么？”

我惊呆了：“继父承认了？！打死我，我都不信！净瞎编！”

我妈又说：“这孩子什么命呢？这要在旧社会准得找算命先生给她破一破。”

因为最近看了很多“禁书”，我对事物有了点自己的看法，“妈，找谁破都没用。我现在觉得是这个社会越来越不对了，哪有这样的，想抓谁就抓谁，想斗谁就斗谁，想整谁就整谁！而且全是侮辱人的作法，挂破鞋游街已经让人受不了，还得给剃个阴阳头。戴个高帽已经很侮辱人了，斗争时，还得象喷气式飞机那样撅着，说踢就踢，说打就干。不就是为了显示他们革命么！现在什么人最吃香？就是那些能整人的人最吃香！拿起鞭子就能抽人的人最吃香！前几天在院里把老张家二小子装在麻袋里打，用鞭子抽，用脚踢，二小子惨叫得都不是声了，听着都让人发颤。”

我妈问：“二林么？”

我点头：“估计能把二林给打傻了，大家就在那里看着，没人吱声。”我又语无伦次地说：“难怪现在街上疯子那么多，一个个上车就背毛主席语录。关键是打死人不偿命，埋汰人也不用负责，想埋汰谁就埋汰谁！不出疯子才怪呢！”我又想到院子里的这帮老娘们，想到杨姨说的那句话，气又不打一处来了：“你看咱院这群老娘们吧，一遇到埋汰人的事，你看她们那兴奋劲儿。这人咋这么坏呢？坏不要紧，关键是太敢坏了，坏得没边没沿了！说尔娟不本分，我看那些整人的人才不本分呢！”我越说越来劲儿，觉得特解气。

我妈赶紧打断我：“行了，行了，还没完啦！那么大嗓门，就怕人听不见，是吧？！”

“听见就听见，我才不怕呢！”我梗着脖子，做出一付满不在乎地样子：“急眼了，我就当面和她们理论……”

我妈怒容满面，在屋里四处乱转，假装要找笤帚揍我：“我看你这是找揍！上脸是吧！左邻右舍住着，非得让人家听见，恨你，你就舒服了是吧？！”

早晨我照例又去尔娟家，尔娟仍然像没看见我一样，理也不理，不过这回我已经备好课了，我对尔娟说：“你知道我现在最佩服谁吗？”

尔娟的眼神一直在空中呆着，像是没听见一样，我不受其影响继续自顾自演说：“我最佩服就是海丝特·白兰。”她眼皮动了动，似乎是略有思索，然后脸上现出一丝疑惑的神情，我们俩都看过《红字》，我知道她是想起了《红字》里那位主人公了，但她不知道我为什么提到她，这说明我的话，还是进到她耳朵里了。

我来劲儿了，情绪开始有点激昂：“真他妈勇敢！”

我平时不是惯于说粗话的人，但此时来句粗话，心中特别舒服：“就没把那些老婆子们当回事，就没把什么教会法官当回事！人活着，就得像海丝特·白兰一样，就得坚强地活着，活自己的！管它这个那个呢！”尔娟的眼珠子似乎转了一下，但仍旧是那木讷的样子。

我还真感谢那些“禁书”。我从小到大听到的都是革命的大道理，但我感觉那些大道理肯定解决不了尔娟心中的堵块，倒觉得那些“禁书”中的人物反而可以帮助尔娟。不知为什么，像我们这等处于一种被压抑状态的人，看到这些“禁书”里的主人公在肉体与精神的苦难中挣扎时，立刻就会有一种“同是天涯沦落人，相逢何必曾相识”的感觉。简·爱、海丝特·白兰、安娜·卡列妮娜对我们好像有一种天然的亲和力，似乎是我们的知心好友。

看尔娟没反应，我感到束手无策，呆呆地望着她，心想小时候她是何等地高贵，如今在人们的嘴里竟然沦落成现在这步田地 。想起杨姨那句“不本分”的话，我的气又来了：“你说我怎么那么烦咱院这些老婆子呢？！不是我说，这院的老婆子我一个都没看上，俗不可耐，听她们这些蝲蝲蛄叫，还不种地了呢？爱谁谁，咱活咱自己的，看她们的眼色活着，你永远被她们讲究着。”

说完这些话，我就后悔啦，可吐出的话收不回来了，还好当时尔娟也迷迷糊糊的，没追问我院里的老婆子讲究她啥了。我永远不想让尔娟知道我知道她的事，而且我也知道，尔娟也永远不会跟我说这事儿，因为这事太恶心了，说都说不出口，怕脏了自己的舌头。

晚饭后，我坐在椅子上，心里在想着杨姨那句“不本份”的话，琢磨着，就算尔娟的继父真的欺负了尔娟，那也应该是尔娟的继父不正经、不本份啊？怎么到杨姨嘴里，变成尔娟不本份了呢？！我正在那想这想那出着神，不知道什么时候妈妈过来了，用手在我眼前来回晃两下，问我：“又傻愣啥呢？怎么现在一天老发呆呢？”

我收回了神，问妈妈：“妈，你说‘人’这东西是好东西呢，还是坏东西？为啥前一阵子，大家都争着抢着做好事，这一阵子大家又争着抢着整人，侮辱人呢？我们班的何晴艳爸爸去了三线，她妈妈病了，我班同学恨不得天天都去她家做好事，弄得她妈都怕咱们去了。现在还是这些同学，逼着何晴艳去坐专政桌，对待她就像对待四类分子一样。我就不明白，同样都是这些人，她们到底是好东西呢还是坏东西呢？对尔娟也一样，杨姨原来见着尔娟就夸，又是漂亮，又是文静，又是招人喜欢，现在她家一出事儿，马上就说人家什么长得风流了，不本分了……”

我妈怕我说起来没完，抢过话头说：“什么东西都不是，人就是跟风。做好事儿是跟风，整人也是跟风，你记住，越没分量的人越跟风。唉，大家都是被风吹着走的。”

“那我跟着风走呢？还是逆着风走？”

“你——”妈妈拉长声，恨恨地说着这个字，“就是个逆种！”说完妈妈立刻补了一句：“你敢逆个试试！”她用手指着我说：“不想活了你就逆！没听他们喊口号么？叫你粉身碎骨，死无葬身之地！”妈妈拿眼睛狠狠地盯着我看，眼神里透着几分对我的担忧。

第三天，在去尔娟家之前，我特意背了一段罗曼·罗兰的名言。到了尔娟家，我就对她说："我昨天看到罗曼·罗兰的一段话："累累的创伤，就是生命给你的最好的礼物……"还没等我背完，尔娟就气急败坏地吼道："我不听！我不听！别给我讲道理，让你试试这滋味——"

我愕然，这是尔娟么？只有我跟她急过，她从来就没有跟我火过。我呆在那里，一时竟手足无措。接着她有气无力地说：

"我烦你，你走吧！"

我一下子气就来了，敢情我好心换个驴肝肺，我就这么招人烦么？我刚要转身离开，尔娟一把拽住了我：

"你别走——"她声嘶力竭地哭喊着说，我一个趔趄被拽坐在了床上，尔娟几乎瘫软在我的肩上，肆无忌惮地嚎啕大哭起来。

我的眼泪也刷刷地往下涌，我这一生唯一的一次看到如此伤心欲绝的痛哭。瞬间，我肩膀处的衣服就被泪水湿透了，我真担心她会背过气去。我心里无比愤怒地吼道：你们凭什么要这样侮辱一个女孩子，谁赋予你们这样的权利？！

很久，很久，尔娟终于平息下来，她对我说："我好了，你回去吃饭吧，一会儿我妈就回来了，别跟我妈说，她已经够苦的了。"说完，眼泪又掉了下来，我的眼泪也跟着往下淌，唉！人不整人能死么？！

第四天，还没等我去尔娟家，尔娟已站在我面前了。原来她妹妹昨晚回来了，她不想让她妹妹看到她现在的样子。她到我家后，第一件事，就是找书看。我偷偷瞄了一眼，她看的书是《红字》，我心中一阵窃喜，说明我的话还是起点作用的。

又过了几天，我对尔娟说："我做了一个梦，梦里有一个小庙位于一座山的半山腰，我拉着一辆牛车，牛车上装了满满的书，我住进了小庙，每天在那里看很多书，那日子美极了。我醒来后，什么事都不敢想，就怕把那画面给忘了，那画面太美了，我特想去找那个小庙去。"

尔娟歪着头，思索了片刻，似乎是击中了她的什么想法，她忽闪着眼睛说："这里哪有山啊？最近的山就是千山。"

"那我们就去千山！"

"怎么去啊？"

"骑车去！"

"就我们两个人？"

"再找高琦、小芳一起去！"

直到这时，这些天一直面无表情的尔娟，因为听到我们四个人一块儿去千山，脸上浮现出难得的喜色，我知道她真的需要去大山里吐吐心中的恶气。

18. “自杀”事件

我至今还能记得那一天，那是一九六七年五一劳动节的前几天，四个人在我家集合，早晨六点准时出发了。一上路，大家就七嘴八舌地，得意地描述着如何骗家长溜出来玩儿的。

高琦说：“我对爸爸说，咱们组成个毛泽东思想宣传队，到周围农村去宣传毛泽东思想。”

小芳说：“我对妈妈说，去大连调查我们校长的历史问题，估计得两三天才能回来。”

我说：“我跟高琦一样，也是说到农村去宣传毛泽东思想。”

大家开始把头转向尔娟，尔娟说：“我就说跟培敏出去两天，和她一起去找个什么庙，我妈就同意了。”

我们很快就出了城，骑着车在郊外的哈尔滨直通大连的哈大公路上前进，有鸟儿在兰天中自由飞翔的感觉。那时工人都不太干活，工厂已几近停产，哈大公路上几乎没车，我们从马路这侧骑到马路那侧，蛇形前进，欢快极了。我们几个人没有资格去大串联，只去一个离家二百多里路本省的一座山，就激动成这个样子。我胆子大，一会儿撒把，把两只手垂在身体两侧，靠脚蹬轮子来掌握方向和平衡，高喊道："你们看——，我不用把着车把了！"；一会儿我又用脚把着车把，利用惯性前行，然后又高喊："看我——，用脚把车把了！" 一会儿我又把车前轮抬起，离开地面，全靠后轮在地面上行进。高琦、小芳都不甘示弱，每当我做完一个动作，她们马上就学得跟我做。我们把自行车这交通工具，玩得和杂技道具一样。只有尔娟仍然按部就班地骑着。

我们三个人就对着她起哄："唉，小绵羊，胆小鬼！……"

尔娟只是咧咧嘴，做个微笑状，仍旧不跟着做这些冒险动作。

高琦脸朝向尔娟，一边骑一边问："尔娟，最近几天我咋觉得你闷闷不乐的呢！有啥心事啊？"

没等尔娟回答，我立刻抢过话头："你问得真有意思！谁没心事啊？"

高琦立刻转向我："那你有啥心事？"

"心事，心事，心里的事，不告诉你！"我没正经地说着。

高琦没接我话，反而把头转向小芳："你说，去年六月北京女一中给党中央和毛主席写信要求延期半年高考，现在都快一年了，这高考怎么一点儿信儿都没有呐？也不知道啥时候恢复高考！”

我知道，这是所有高三学生的心事。小芳说：“就是啊，瞅这样一时半晌都高考不了，其实恢复不恢复都行，现在越来越左了，就像咱这样的家庭出身，就是恢复高考，也不见得能被录取！”

高琦不以为然，虽然红五类子弟视她为异类，可她总觉得她可以挤入他们的阵营中去。想挤进红五类子弟的阵营是每个人的梦想，我也想，但是没办法，出身不由己啊！高琦似乎很有信心：“其实我家出身应该是革命军人，我想应该没问题！”

天公不做美，正当我们在哈大公路上边骑边聊时，黑云开始向我们头上聚拢，一阵暴雨旋即下来，让我们猝不及防。一开始，我们还准备像样板戏里唱的那样，斗风雨，战恶浪，继续冒雨前行，可是很快，大雨密得像雨帘一样，隔住了空气，我们已无法喘气，不得不下车。我们弓着腰、低着头，推着车向前走，但是每步都很艰难，天空简直不是下雨，而是用大盆把水倒下来。不一会儿，太阳一下子又从云层后面跳跃出来，碧空如洗，湛蓝湛蓝的，一片光明。

我们看到不远处有一户人家，已是中午了，便决定到这个人家要口水喝，好把窝窝头吃了。我们没有经验，从柏油路下到这家的土路时，自行车的车条立刻被泥糊满了，无法往前推。我们只得把自行车留在路边的泥里，自己走进去。我们照例打着宣传毛泽东思想的旗号，说我们带着窝窝头，但没有水喝，想要口水喝。这家的大妈非常热情，坚决不准我们吃凉窝头。她先让儿子把我们的自行车搬到水塘给洗了，然后就给我们贴大饼子，还给我们做了一锅甩袖汤。我们傻眼了，当初为了要练吃苦的本领，我特意要求大家只许带窝窝头出来。早知道有这一出，不如穷家富路带白面馒头好了，吃人家大饼子，留下白面馒头心里会好受些。窝窝头是拿不出手的，无法给人家。我突然想起了胸前别着的毛主席像章，当时能淘到一个毛主席像章，戴在胸前是非常荣耀的事，足以让你在人前充满自豪感，站着连腰板都感觉能挺直。我往下摘胸前这个毛主席像章时，心里万分纠结。不给，不能白吃人家的，给了是真舍不得，当时跟朋友要这个像章真是费尽口舌，用很多朋友喜欢的小玩艺换的。尔娟倒是爽快，一下子就从胸前摘下来放在饭桌上，敢情了，她那个是《为人民服务》的语录章，哪里有我这个毛主席头像章珍贵，语录章是很容易搞到手的。高琦、小芳都是《为人民服务》语录章，也都毫不犹豫地摘了下来。总之我们千恩万谢地把四个像章留给了大妈，然后又骑上她儿子放到路边的洗干净的自行车继续前行。

有时候身体的苦似乎能代替精神的苦，加上我们一路激动欢快情绪的感染，尔娟显然活泼了很多。也可能是高琦的话使她意识到了应该自我掩饰一些 。总之她和我们一起唱起来“我们走在大路上，意气风发斗志昂扬，毛主席领导我们前进……披荆斩棘奔向前方，向前进！向前进！革命气势不可阻挡！向前进！向前进！朝着胜利的方向……”

下午四点多我们来到了辽阳。当我们看到了中共辽阳市市委的牌子，就立刻下了车，因为我们觉得这里应该是安全的，我们现在可以熟练地撒谎了。我们若不搬出革命的说辞，是不会受到接待的。于是我们走进市委大院，跟收发室的人说，我们调查我们校长要去鞍山，但今天的大雨耽误了行程，我们天黑之前是绝无可能赶到鞍山，所以想借宿一夜。一个干部模样的人出来接待了我们，说只能在办公桌上睡。这对那个时代的我们来说不但不算苦，而且对于我这种人来说反而是件兴奋的事。

不知为什么这个干部下了班后没有马上回家，居然和我们聊了很久。没有跟他的这一通聊，我们这些逍遥派，还真不知社会上造反派已分裂为三大派别：一派是八三一，是打倒走资派的；一派是辽联，是保护走资派的；还有一派是辽革派，是拥军的。这位干部开始跟我们谈省里的各位领导，最后大谈特谈宋任穷如何是好干部。其实这之前，我们根本不知道宋任穷是谁，听他一讲，方知宋是我们东北最大的官。据这位干部说，宋任穷非常平易近人，亲近百姓，走遍了东北三省100多个县进行调查研究，深入基层、深入群众……不要说跟我们聊天的这位干部还是个领导，就是我们自家的大人，也从来没人拿出一两个小时的时间，来和我们聊政治聊形势。受到如此重视，我们感到受宠若惊，但没想到，就因为他的这番洗脑，让我后来差点被打成了反动学生。

第二天一早，我们就继续开始向鞍山行进。但突然开始刮风了，出城后，风愈刮愈大，还带着嗚嗚的声音，柔韧的树枝狂舞着，如果没有自行车扶着，人是很难站稳的。为了减轻大风刮在脸上时的疼痛，我们只能弓着腰、低头埋首地推着自行车艰难地顶风往前走。

进入鞍山市以后，风立刻小了很多。不过迎接我们的场面却别开生面难以预料——一群庞大的静坐学生占领了所有的道路。高琦很高兴地说：“这么多人坐在这欢迎我们，太好了！” 小芳扮个鬼脸说：“把你美的！真够敢想的！”

幸亏头天晚上与辽阳干部的谈话让我知道了辽宁三大派的名字，我就主动上前问静坐中的一人：“你们是哪一派的？”当我得知他们是八三一派时，我就对伙伴们说：“你们别动，在这等我，看好我的自行车！”我径直走向他们临时搭建的主席台，询问谁是负责人。被问者反问我：“什么事找负责人？”我说：“我们是八三一派的，我们骑车到大连去调查学校校长的历史问题。”我正想继续往下编瞎话，旁边一位已做出指示说：“风太大，她们骑不到大连的，就让她们住东山宾馆吧！”

当时流行一句话叫“亲不亲，线上分”，我庆幸自己怎么就想到了谎说我们是八三一派的呢。这太灵了。

一进东山宾馆我就傻了，我从来没见过宾馆，别说住了。我们被领进房间的时候，都惊呆了。房间那么大！全是大大的落地窗，绛色的金丝绒窗帘从房顶一直垂到地上。房间里一张床也没有，只有和窗帘同样绛色的金丝绒沙发。据说这间房间叫客厅，我想起在小说中曾见过这个名字。从客厅到卧房之间有个长长的外走廊，外走廊的花格窗没有玻璃。我们都伸出了手臂，似乎能触摸到那离得不算远的山坡，山坡上布满了妖娆烂漫的桃花，深红与浅红相互地斗艳。我不禁想起爸爸教我的“桃之夭夭，灼灼其华”的诗句。联想到这座房间是文革前，专供鞍山市委书记使用的。真是“人面不知何处去， 桃花依旧笑春风”。面对雨后浓郁的绿色和娇艳的粉色，高琦大声感慨道：“什么叫人间仙境啊？这就是人间仙境！”

把书包放到卧房后，我们又返回客厅，我们刚刚在沙发上落坐，从另外两个卧房中走出两位美丽的少女，其中一位气质特高雅。后来才知是著名作家欧阳海的孙女欧阳安妮。她们中的另一人见面的第一句话就是：“你们是哪一派的？”我赶紧说：“是八三一派的！”他们立刻像亲人似的和我们聊起来。大部分时间是他们在聊，我们随声附和，因为我们对当时的革命形势知道的实在太少了。

我作贼心虚，生怕露馅儿，突然看到尔娟眼睛紧紧盯着那架三角钢琴，我赶紧把话题岔开：“你们这还有钢琴啊？太好了。”我指着尔娟说：“她能歌善舞，还会弹钢琴，让她给我们弹一曲好不好？”那时的孩子哪有会弹钢琴的，听说尔娟会弹，立刻兴奋地喊："好！"

可能是正中下怀，尔娟一点都没推让，微笑一下，就起身去弹了一首很短的曲子，大家鼓掌叫好，都说弹得好，让尔娟再弹一首。尔娟也没推让，报了个曲名"舒曼的梦幻曲"就开始彈上了。刚听了几个音节，我便被感染了，我情不自禁地随着琴声来到钢琴边，不料，我看到泪水象串珠般地一颗接一颗地在尔娟的脸上滚落着。我眼睛也立刻热泪盈眶，我怕别人发现，赶紧假装去厕所。没等进厕所，眼泪已经抑制不住地流淌出来。琴声忽强忽弱地依旧能传到我的耳中，我似乎在那层层递进的乐曲中读到了深藏在尔娟心底深处的情感。太可怜了！一个十几岁的女孩子，招谁惹谁了，非要这样整她！想到尔娟可怜，就突然想到一个更可怜的人——她的爸爸，啊！我突然明白了，这个曲子有可能是她爸爸教她的，她一定是想到她爸爸了，同时也忆起了那逝去的美好童年。是啊，一个小女孩在风刀霜剑的日子里该多么期盼来自父爱的保护啊。我总算止住了眼泪走回客厅，正好大家在给尔娟鼓掌叫好。只见尔娟依旧背向大家坐着，不肯回头。这时，欧阳安妮站了起来，边鼓掌边走到钢琴旁，笑着冲尔娟的后背说："咱俩一起弹个莫扎特的《土尔其进行曲》吧！"趁欧阳安妮没走近她之前，我注意到尔娟迅速地用手抹了把脸上的泪水。接着两个人就肩并肩地合奏起来。看得出尔娟对这个曲子不是太熟，几次彈错。虽然合奏得不算合谐，但那个年代能听到世界名曲的彈奏，而且还是自己朋友彈奏，我感到了一种极为奢侈的享受。人有点高级趣味的爱好真好，尔娟这次的钢琴演奏，让欧阳安妮视我们为朋友。事后，我曾问过尔娟：“你家都多少年没有钢琴了，你咋还能记住这些曲子呢？尔娟眼神里带有几分自豪地告诉我，是她爸爸自制的一个可折叠的琴键纸板，本是她爸爸在单位午休的时候用来练琴的。搬家的时候她偷偷地藏在衣服里面带了出来。没事的时候就用它来练琴。

第二天，其实我们实在不想走，可是瞎编的说辞都说出去了，哪能不走呢？多亏欧阳安妮出面挽留：“调查校长着啥急啊，明天是星期日，你们去了，学校也没人。”我们赶紧顺坡下驴，心里乐开了花。这天堂般的日子，能多呆一天就拣一天，就可以免费多吃一天大白面馒头和那带肉的菜。那时我们老百姓家每月凭票限购二两油三两肉，我妈妈总是用肉票买肥肉回家来熬成油炒菜，除了过年过节平常根本吃不到肉，何况还是免费的呢。第三天，我们假装很革命的样子说，我们还有革命任务必须走，兹向革命同志们表示革命的感谢，其实说穿了就是怕露了馅。告别后我们径直去了千山，寻找我梦中的那个小庙去了。

在千山上，竟然还真找到了一个小破庙，像文革期间所有的庙一样都是空无一人。庙里修行的和尚尼姑，都被强制还俗，回到户口所在地去了。佛像属于四旧，都被砸得面目全非。

尔娟环顾了这一破败的景象，竟对我如是说：“培敏，一个人住这该多幸福啊，我不走了，我就住这了！你经常给我送点窝窝头来就行。”

“别吓唬我！我不给你送窝窝头！现在人家尼姑和尚都被强制还俗了，你还想出家？找挨斗啊！咱们赶快下山吧，趁天好，赶快赶路，今晚必须赶回家，否则没地方睡觉！”

上山累人下山险。开始是盘山的下坡路，我们时不时地需要用闸控制下车的速度。可转过几个弯后，突然不见盘山路，只见一条笔直的下坡路。虽然路不算太陡，但已不敢用闸了，一用闸就有可能翻车。最可怕的是我们突然发现有轨电车在前面远处铛铛地驶过，这说明这条路是通市区的。那时市里的交通工具主要是有轨电车，我们对它太熟悉了，一般一辆有轨电车驶过去，对面的有轨电车很快就会行驶过来。那就意味着如果我们不用闸就有可能撞上马上过来的电车，可如果用闸，由于车速已越来越快，就肯定会翻车。我当机立断，立刻大叫一声：“跳车！”“往旁边跳！”

我看到前面的小芳、高琦，已翻到路边的草丛里。我正待跳，却发现尔娟不但没跳反而衝到我的前面了。一个念头突然在脑中闪过“想自杀吗？”我想到妈妈让我看着尔娟时说的话，我简直吓死了。不管三七二十一下意识地蹬了一下车轮，车立刻飞快地向前驶去。我赶上了她的车，这时我已听到有轨电车在铁轨上行驶的哐哐声，我急呼：“跳！”看她还没有跳的动作，我心中已经确认她这是要寻死。受伤总比死亡强，我索性用车去撞她。再不跳，我们百分百会成为车下鬼。我们俩连车带人翻到路边的山坡上。车先停了下来，我们两个人都因惯性又向下滚了一程。我无比恐慌，上气不接下气地看着她，但不敢问，害怕一问会暴露出怀疑她自杀的想法。我惊魂未定，尔娟看出了我的眼神说："我一直想找个坡不陡的地方往下跳。"她这句话一出口，我的惊恐散去，可是气却上来了，我独自向我的自行车走去，不想再搭理她。尔娟看到我怒不可遏的样子，赶紧把手破的地方给我看。我说："你手破了，我的腿还伤了呢？"心里想："你倒谨慎了，我差点没命了！"唉！看在她处于这倒霉的时刻，我还是跟她说话吧！

这时高琦和小芳也推着车走过来了。"咋回事呀？你俩？"高琦问："我们俩刚一站起来，就看见你们俩飞速地往下奔，直扑电车去了，没把我俩吓死！"小芳对着尔娟说："肯定是你，胆子小，不敢跳！"尔娟嘴咧了一下，算是默认了。

19. 无法有天

回到家后不久，学校通知我们到校参加批判宋任穷大会，很多人情绪激昂地跳上讲台讲话。我坐在最后一排，根本没听他们讲什么，耳边只刮进很多次“三点意见如何如何。” 然后就是一遍遍地高呼“打倒宋任穷！”“打倒宋任穷！”……

我拒绝挥舞拳头，也不喊“打倒宋任穷”，因为辽阳那位干部对我们说过宋任穷是非常好的干部。我自持自己拥有“第一手”资料，鄙视这些“群氓”人云亦云，什么情况都不了解，就知道挥舞拳头跟着喊口号，被人利用还觉得自己挺革命！

今天想来，我又何尝不是如此呢？万一那个辽阳的干部，说的不是真话呢？那我所坚持的“真理”，岂不也是人云亦云么？那个时代的人，谁又何尝不都是人云亦云呢？

隔了一天，班里通知我到原教室去参加批判宋任穷的会议。因为那次专政桌的事，我再没进过教室，很有一种陌生感。教室里已无桌椅，只有平衡木沿着教室四周墙边摆开，很多同学已坐到那里。无人和我打招呼，我也不想和任何人打招呼，连眼神都没看他们一下，就在靠门口的一个空位子上坐下。会议宣布开始，没人念批判稿，只是不停地高喊："打倒宋任穷！"我低着头不喊，也不挥舞拳头，但我的余光可以看到周围的人举起拳头又放下，放下又举起，就这样喊了大约20来遍，有人宣布会议结束。我尽快冲出门口奔回家，心里在想：这不是神经病么？大老远跑到教室就为喊个口号？我哪里知道这一切都是为抓我的小辫子而策划的。

事后的第二天下午，我在尔娟家向她传授坐有轨电车逃票的经验，我说："下车时你挤在人中间，涌下车后就立刻蹲下来假装系鞋带，售票员根本发现不了，我已经试过两三回了，没有一点问题！"

尔娟先是嗤嗤地笑着，然后把嘴大大地一撇，我知道这是耻笑我。我也耻笑她："我知道，这么宝贵的经验传授给你没用，你哪有这个胆量？！"

尔娟又把嘴一撇："一张票4分钱，多大能耐？还吹呢！"

我不假思索地脱口而出："小绵羊，不服是吧？明天给你唬一次火车票，让你看看。"这一阵子大家叫尔娟小绵羊，她也这么接受了。

“去辽阳？”她仍在讥笑我。

“辽阳？！要去就去远远的！”

“哪儿呀？”

“哈尔滨！”哈尔滨一说出口，连我自己都愣住了，因为在那个时代我唯一的骄傲就是我老叔，哈尔滨是我老叔居住的城市。我们那时总填政治审查表，简称政审表，我们家几乎所有的亲属都需要填在“对组织需要说明问题”的那栏里，那个栏目不够填，还必须另加一张纸。我最怕同学们看到另外加的那张纸，我一般选择最后交上去，然后眼睛一直盯着那叠政审表，直到老师拿走才算放心。但我老叔则不一样，他是中共党员，每当我填表写下这四个字时，我都带着自豪感地想要写得醒目一点，我们家总算还有个党员。

尔娟看我被她激得口出狂言，立刻把笑容一收，开始吓唬我：“那可不行，你没看大字报上写的嘛？铁道部是个独立王国，有自己的警察，凡是逃票的，都被抓起来……”

话音未落，杨革已把脑袋探进来了，看见我似乎有些吃惊，一付出乎意料的表情。她呆愣了一会儿，连个招呼也不跟我打就直接拉着尔娟去院子里了。

“这个杨革，什么事这么神神秘秘的，居然还背着我……”我心里想。

不一会儿，尔娟回来了，杨革却没跟着回来。我眼睛盯着尔娟：“啥事呀？还把你叫出去！”

尔娟显得有些慌张地问我：“前天全校开批判宋任穷大

会，你是不是没跟着喊口号？”

“嗯。”我点头承认。

“为啥不喊呢？”

“辽阳那个干部不是说宋任穷是好干部么？！”

“唉呀，你怎么这么傻啊？你怎么就不会随大流呢？人家要把你打成反动学生啦！”

“谁告诉你的？”我略一思忖，马上说道“肯定是杨革刚才告诉你的，她为啥跟你说，不跟我说呢？”我感到不解。

“直接跟你说，叫通风报信！跟我说，就不存在通风报信的问题，只是说话不小心，没注意。”

“这小子啥时这么聪明了！不过我还真得感谢她，真够意思！”

“知道昨天你班为啥又召开批判宋任穷的会吗？”

“为啥？”

“大家围一圈坐着，对不？”

“对呀！”

“就是让大家都能证明，你不喊‘打倒宋任穷’！”

“谁这么坏，这样设计我？”我的气不打一处来。

“谁这么坏？我告诉你，现在的人谁都可以这么坏！这不叫坏，这叫革命性强！”

“想整谁就整谁，无法无天了？”

“无法有天，他们就是天！”

尔娟的眼珠开始急速左右转着，仿佛在颤抖：“你赶快跑吧！”

“跑？我才不跑呢！就因为我没喊打倒宋任穷！就把我打成反动学生？我还真不信这个邪！”我已经不解到了极点。

尔娟变得急不可耐，手攥成拳头在耳下小幅度的一个劲儿晃：“你以为你根红苗正啊？说你反动你就反动！”

“反动就反动！让他们来抓我吧！”我虽然加入不了造反派，但随着风气的影响，却有造反派的派头，我脖子一梗，眼睛一楞，一付满不在乎的样子。

尔娟突然手不晃了，变得异常平静起来，用极其平常的口气问我：“你刚才不是说你想去哈尔滨么？我知道咱俩是话赶话，其实你根本就不敢去！”

“那有啥不敢去的？大不了就被警察叔叔抓起来呗！”

“那你与其让学校抓，还不如让警察叔叔抓呢！”

“我？！哼！谁都甭想抓我，我会像那些地下党员一样，安全地回来！”我向尔娟扬着脖子，不屑地说道：。

“那你现在就走吧！”

“我不！我明天走！”

20. 家庭成份

去哈尔滨真不全是逞强。爸爸去世后，我真搞不清楚我家的成份是什么？户口簿写着是“未划”，可爸的履历表填了家里有多少公顷的地。四清工作组进驻学校后找我谈话，我就把爸爸的履历表翻出来，交给了工作组。工作组说你家的土地太多了，已是多少公顷了，你知道一公顷是多少亩么？你家成分肯定是地主了，而且还不是一般的地主，是大地主。过了两天，政治辅导员就来找我谈话了，主要内容是“出身不由己，道路可选择”。从此以后，班主任、团干部就都把我当作黑五类子弟了。所以这次去哈尔滨，特别想把“家庭成份”这无比的大事搞清楚。

我花了五分钱买了张站台票，顺着人流就涌进了火车站。那时几乎所有的领导都被戴高帽、游街批斗，各单位都几乎陷入了瘫痪状态，检票员也懒得负责地验票查票，所以一路波澜不惊地到了哈尔滨。

我找到了哈尔滨毛纺厂，没想到只是一个处长的叔叔也被批斗了。叔叔没出来，婶婶出来了，一看就是个胆小怕事神经质的人。她个子矮小，又特别瘦，皮肤干干地满是皱纹。她和我从未见过面，一句客气话没有，就直接盘问了我好几个家里亲戚的情况，以确认我的身份。我只能回答我爸爸妈妈的名字及年龄，别的亲属我一概不知，因为我从未接触过爷爷家里的任何人。她叫我跟在她的后面，她在前面走，但不许离她太近，要保持一段距离。我尾随着她，象电影里盯稍的人，既保持距离又不能把目标跟丢了。总算到了家，一进屋，她就赶紧把窗帘都放下来，街上的光只能从窗帘的边缝透进来。她把灯打开，当我再次看到她那干瘪的脸时，我感到非常厌恶，为什么非得把气氛搞得如此恐怖？我又不是特务，我只是个十几岁的孩子……

婶婶嘱咐我，跟任何人都不能说我是他家的亲戚，只说是朋友的孩子："你叔叔入党时，填写政审表根本就没填过你爸，你这一来，要是让组织上知道了，你叔就彻底完了，欺骗组织可是大罪，现在群众还紧着让你叔交待问题呢！"

"我爸怎么啦？叔叔连填表都不敢填写他的亲哥哥？"我心里想。我知道我姥姥家政治条件不好，不知道我爸爸的也不好。以前，人家背后曾议论过我：

"她家老复杂了，有美国特务、日本特务、台湾特务。"我听到后，回到家就问我妈：

“为什么你们家有那么多特务？”妈妈说：

“现在只要人在国外都说成是特务，其实他们是留学未归。台湾是你大舅自己选择的居住地，他留学日本，日文好，就去了台湾。”我妈从小屋找出一本书，其中有两页已粘在了一起，我妈指着被封住的书页对我说：

“你大舅可不是一般人，等什么时候形势好了，你把这两页打开，里面的日文是专门介绍你大舅的，你就知道你大舅是不是特务啦。现在的人就是胡说胡有理，跟他们能说清楚么？一个经济学家，非得说成是特务！”妈妈非常敬仰她的大哥，但面对这一盆盆泼来的污水，又能怎样呢？

我想到，填表都不敢填我爸，肯定怕带出这些可怕的亲属来吧？临去哈尔滨前，我妈还满怀信心地对我说：

“刚解放不久，你老叔到天津我们家来过。那时他没钱，我给了他一大笔钱，你老叔当时说太多了，将来一定要还给我。”妈妈当时就说不用还，结果老叔回去后，音信全无，就这样断了联系。妈还说：

“你老叔肯定会热情招待你的！”

可现在这情景，还热情呢，简直是掉在冰窟窿里了。还好，我强忍着瞌睡一直等到很晚，叔终于回来了，我总算能感到一点温度。叔说：“你两岁时在天津我见过你。”他听我说爸爸去世了，他只是唉了一声，稍微沉默了一会儿，他问我为什么来哈尔滨，我就把工作组如何说我家是大地主的事前前后后对叔叔说了一遍。叔听完后说：

“你爷爷家是苏共在黑龙江建立的第一个党支部，地是因为北大荒地多，随便耕作，划成分又是你五叔负责，所以咱家的成份是中农。”我如获至宝，立刻赶回沈阳，我是中农出身，不是黑五类子弟，看谁还敢定我是反动学生！

尔娟见我回来后说：“你这一走可走对了，人不在，批判会就开不成了，他们又忙别的事去了，需要批斗的人太多了。”我对尔娟说：“现在我不怕了，我家是中农成份，是党的团结对象！”

我突然想起逃票的事，对尔娟说：“逃火车票一点不比逃电车票难，他们大串联免费各地走，不让咱们串联，这回咱自己免费玩去！”

我把这逃票经验又告诉了高琦和小芳，她们跃跃欲试，高琦说去南京，因为高琦的姑姑从南京来沈阳，马上回南京去，我们正好可以住在她姑姑家。定好后我们一起找尔娟，尔娟一听头摆得像拨浪鼓一般：

“我可不去！听说那个城市都开始武斗啦！子弹在天上横飞。”

“胆小鬼！”

“真不是胆小，子弹可不长眼睛，中了子弹就没命了！”

“你不去，那我们三个可去了啊！”

“你们去吧，我害怕！”尔娟说。

后面发生的事情要多奇葩有多奇葩！不过我得用说书人的办法“花开两朵，先表一枝”。

21. 子弹在飞

且说南京确实像尔娟说的那样武斗了，一下火车，就听见子弹嗖嗖飞的声音，这声音只在电影里听过，真亲耳听到可就不好玩了。高琦和小芳吓得赶紧猫起腰，两只胳膊夹着头，一路小跑，没看见墙犄角，犹豫一下，索性蹲到墙根底下。这动作太精彩了，把我逗得哈哈大笑，我说："子弹离我们远着呢！听声音就是在远处。"

"出火车站不远的挹江门，已垒起了高高的沙袋，层层叠叠，一人多高，几个戴着红袖章的人，手持着枪站在那里，他们是负责验身和验车的。我感到很兴奋，太像电影里的镜头啦！我只觉得好玩，而高琦、小芳似乎有些不知所措，被这种肃杀的气氛，吓得脸色发白，一脸的紧张。可能是因为我们几个都是女的，加之姑姑又是老人，持枪的人没有搜我们的身。过了关口，我对高琦、小芳说："多亏尔娟没来，来了，就这一关，就会把她吓死。”

她俩惨白着脸，点着头说：“太吓人了！太吓人了！”

“早知道这样，真不该来！”小芳有些后悔了。

高琦问姑姑：“南京咋这样了呢？”

姑姑说：“我临走时，好好的，没武斗啊！”

小芳说：“好像是中央文革小组里的人提出要‘文攻武卫’的。”

南京的景点很多，但是我们进不去，稍微大一点的园子，都被各造反派划分了势力范围，占山为王了。诺大一个南京城，只有雨花台可以进去。根据我们在课本里学到的，雨花台的石头是被烈士的鲜血染红的。正当我们满山遍野地找被烈士鲜血染红的雨花石时，天空中突然传来爆豆子一样的“啪啪啪”的炸裂声，一阵紧似一阵，这回可真像是在我们头顶上了，而且嗖嗖的子弹声，越来越密集。整座山除了我们三个女孩以外，一个人也没有。我说：“别管红的绿的了，赶紧捡几块回家吧，一会儿，他们真的打到这里，咱们可完蛋了，子弹可不长眼睛！”这回连我都害怕了。

晚上，睡在姑姑家的院子里，简直就像睡在蒸笼里，闷热闷热的，姑姑在为我们临时支起来的床下面放了盆凉水。我躺在床上开始胡思乱想：这是个什么年代呀？和平年代还是战争年代？和平年代？怎么动用上枪炮了？战争年代？谁和谁打啊？大家不都是悍卫同一个伟大统师，不都是同一个红司令吗？说‘亲不亲，线上分’，同一个目标不同路线怎么变成你死我活的关系了呢？！我最近常常这样琢磨很多问题，可是自己都无法回答。不过，保命要紧，南京确实不易久留。我们在高琦姑姑家又待了三、四天，就决定打道回府了。

没想到时异事殊，就几天的功夫，南京就被军管了！我们乘渡轮到了浦口火车站，发现站岗的换成军人了，前几夜的思索似乎有了答案，我知道这是武斗的结果！不进行军管是无法结束武斗的。逃票是不可能了。我索性走到解放军战士面前问："解放军叔叔，我们是大串联出来的，因为有事情耽误了无法回去。我们现在想回北京，怎么办啊？"那位战士让我们找省军事管制委员会。按照战士告诉我们的地址，找到了军事管制委员会。当时正是中午饭口，我们免费吃到了大米饭和炒菜。能吃上大米饭就很好了。不过南方的大米饭真的没法和东北的大米饭相比，东北的水稻只种一茬，真的是香甜。可是让我们登记的时候我真犯愁了。要我们写明家庭住址，这分明是要根据我家的地址寄信去，管我妈要钱啊！我爸爸去世后，全家就靠我妈的工资过活，我知道妈妈一定会把钱寄给军事管制委员会的，但以后的日子，妈妈就苦了，只能从嘴上把钱省出来。妈妈患肺结核，已经很瘦了，我无论如何也不能给她增添麻烦。我们决定不登记，明天再去闯一次火车站。我想到我们可以买一张最近一站的火车票，上了火车就好办了，可以躲进厕所和列车员捉迷藏，总之，只要能混上火车就好办。

晚上，我们被安排在军事管制委员会接待站的一间不大的房间里睡觉。空空的房间里，只见四壁，水泥地上还有几块砖头。好在南京的夏天很热，我们一人拿了一块砖当做枕头，睡在水泥地上。这丝毫不影响我们的情绪。我有一件旧军装，到现在为止，我都不知道我们家怎么会有那件军装的。自从毛主席八月十八日穿上军装第一次接见红卫兵以后，红卫兵都换上了军装。从此军装就成了最时髦的服装。这件褪了色的旧军装在我家的柳条包里放了不知多少年，从未引起过我的注意。在穿军装成为一种时尚以后，它蓦然跃入我的视线，简直让我如获至宝。从此我便天天穿着它，觉得这样会让人觉得我可能家庭出身好，或者是革命军人家庭出身。我们被排斥被歧视得太久了，太需要得到别人的认同了。小芳就一直羡慕我有这身褪了色的军装。我打算睡觉，自然把军装脱了下来，可刚一闭上眼睛，就听见小芳在那里一边正步走一边喊口令“一、一、一二一，一、一、一二一。”我睁开眼一看，她已经把我的军装穿在身上，还问我：“像不像一个女兵？”女兵在我们心目中是非常光辉的形象，不论女兵男兵，只要是兵就非常令人仰慕。那时找对象第一是现役军人，第二是退役军人，第三是工人，因为毛主席说了“工人阶级是领导阶级”。最后才是大学生，因为毛主席说了“知识愈多愈反动”，他们已沦为了臭老九了。

我们耍了一阵后，便躺在地上开始瞎聊。高琦讲了一件让人很难以接受的事。就在黑五类子女坐专政桌的时候，学校组织了一次支农活动。那时侯阶级斗争浪潮甚嚣尘上，红五类子弟为了防止黑五类子弟搞破坏活动，专门把黑五类子弟集中在一个房间里，由两个红五类子弟看管。因此高琦、尔绢及小芳都住在同一间房间里。中午吃饭的时候，尔娟去大铁锅盛饭，也许是碗烫或者是不小心，一碗大米饭被尔娟扣到了地上。只听到负责看管黑五类子女实验班的李凤杰大声吼道："不许扔，检起来，吃掉！"当时高琦就在尔娟旁边，高琦说："我当时都被吓傻了。农民家的地不是地板地、水泥地、而是随意可以吐痰擤鼻涕的土地，"她着重说着土地的土字，"脏得很呐！"我感到一阵恶心,赶紧问："尔娟吃了吗？"高琦说："我挺佩服尔娟的，平时多干净的人啊，这时，她一声不吭，把饭全部检到碗里，一粒没剩，然后走到水缸旁，舀了一瓢水，走到院子里把饭洗了洗，全部吃掉。"我问："她掉眼泪了吗？""没有！"高琦说不光李凤杰看着尔娟，所有人都目不转睛地看着她，尔娟却面部毫无表情地只顾做自己的事，根本不抬头看任何人一眼！"我感到血管里好象冒出很多小刺，刺激得全身难受，心脏也好象被这些小刺扎到了，觉得一阵阵地心痛。我又想起那个骑在她爸爸脖子上的尔娟，一个天上、一个地下，情何以堪！我最不解的是李凤杰，"平时文质彬彬的一个人，咋突然变成恶魔了呢？"我问。高琦很世故地说："现在人都变了，和以前都不一样了。"我转身问小芳"假如这一切发生在你身上，你能忍吗？”小芳摇了摇头。我心痛地想着：尔娟啊，你真能咽，居然咽下这常人无法咽下的事。我又想到李凤杰，她再次挑战我对人的认识，我的心陷入了一种悲凉之中。突然高琦坐了起来，神秘兮兮地问我：“培敏，尔娟的事是真的吗？”

“什么事？”我这是明知故问，知道她要问我的是什么事，因为我不知道怎么回答，也不知道她们听到了多少。

“和她继父的事。”

“怎么可能？！”这句回答，并不能说明我知道此事。

“那可是一级组织做的结论啊！”高琦说。

“我现在不知道别的，有一件事我是看明白了，什么一级组织啊！今天想树立你，什么好事都往你身上按，一个又一个光辉形象；明天想打倒你，什么污水都敢往你身上泼。树立你时，你是革命英雄，打倒你时，你成了牛鬼蛇神，我现在都不知道谁是好人，谁是坏人啦！好人、坏人象走马灯般换个不停。我几个舅舅都是做学问的人，硬说是特务，有证据么？现在的人就是敢瞎编……” 我愈说话愈多，左右一瞧，发现她俩已睡着了。

都说惺惺惜惺惺，可很少见美人惜美人的。我知道高琦多少有些嫉妒尔娟。她们俩如果都坐着，高琦的面貌一点也不比尔娟差，只是高琦的脸色没有尔娟艳。但是如果两人都站起来，高琦就输定了，因为她是一个真正的小个子。高琦比尔娟高一届，虽然出身都不好，高琦却一直有优越感。

高琦的五官精致，气质又好，爸爸是摄影记者，又是画报社的，所以小时候经常上画报。我曾经看过有一期画报对开两页都是她从小到大的照片，题目叫“成长”。在照片的下面是高琦从1岁到10岁所穿过的鞋，一双比一双大，当然照片里的人也越大越美丽。高琦很会讲故事，什么事一到她嘴都成了故事，极具虚构能力，让我不止一次信以为真，我给她起个外号叫“小说家”。但她讲话虽夸张，却绝不是为了蒙人。有一次高琦到我家来，说她愁得不行，不知如何是好，说是要把这个大难题交给我，让我帮她想办法。她首先喧染一番她家的邻居马伯伯的儿子马原如何如何好，她爸爸如何喜欢这个人，她又讲马伯伯夫妻俩如何喜欢她，马原也喜欢她。我被她搞得莫名其妙，就直接问她道：“他爱你，你爱他，双方父母又都喜欢得不行，那就开始幸福生活吧，有什么问题吗？”

“问题很大，关键是我不爱他。”

“你把他说得象从天上掉下来一般， 怎么不爱了呢？”

“我只是仰慕，没有爱！”

“那是你情窦未开，让他等两年吧！”高琦走后，我突然觉得自己太武断了，一旦马原不等，高琦上哪再去找到这等人才啊？我一着急就拿起笔给马原写了一封信，大致内容是高琦如何地崇拜他，但因为年龄小，感情始终比较单纯，所以希望马原给高琦一些时间。信寄走后的第二天就收到了马原的回信，开头的第一段就使我恨不得打自己一拳。

“来信收到，谢谢你的大胆和爽快，你那么郑重、严肃、认真地写这封信，以至于在我读完信后都笑出了声。”接下来他很善解人意地给了我一个台阶，

“是友谊的力量促使你这样认真地完成了这封信，而且信的本身确实是篇很好的文章。”接着他说出了事实真相。

“小姑娘确实很可爱，在我眼里她还是个不够懂事的小妹妹，家长们的想法固然美好，但却不现实，我与高琦的生活轨道是否会走到一起，答案是否定的。”看到这里，我不禁摇了摇头，心里想“高琦啊高琦，你在那愁啥呢？！人家根本就没想考虑这事，你却当成天大问题交给我。害得我兴师动众地写信。”接着他写道：

“我三日后返京，每天晚饭后我都会到59中学操场去散步，如果你愿意，我们可以面对面地讨论一些问题。”我已感到很丢人了，怎么可能再去面对马原呢？我心里大骂高琦：“你真可以写小说了！”从此以后，我当面就直接叫她“小说家”。

第二天，我们又在南京乘渡轮到了火车站，我站到售票口说道：“买三张最近一站的火车票。”

“你去哪儿啊？”

“我就买最近一站的火车票。”

“有地名么？”

“那最近一站叫什么啊？”

“蚌埠。”

“好，我就买三张去蚌埠的票。”售票员一说出钱数，我吓傻了，我转过身对高琦、小芳说：“真回不去了，最近一站就是蚌埠，太贵了。”

我们三个人坐在火车站的椅子上犯愁，小芳对我说：“你鬼主意多，全靠你了。”我心想：巧妇难为无米之炊，没钱我有什么办法？但是我不敢说，一说出来，她们俩该慌了，现在高琦说话都已带着哭腔了，似乎眼泪就在那等候着随时往下流呢。

我正低着头想辙时，高琦用胳膊碰了我一下，一个大高个男生站在我们面前，“你们需要票么？”

我问：“几张？”

“两张。”

“多少钱？”

“不要钱。”啊？是老天爷派来的么？一定是老天爷派来救我的，我简直傻了。愣一会儿神后，我说：“可是我们一共三个人啊！”好像他真是欠我们的。

“可我就只有两张！”我叹了一口气，刚显露失望的神色，他就赶紧补了一句：“我还有张票是昨天的，作废的。”

“能给我么？”

“没问题！”给完三张票，他就走了，我们三个人站起来，连搂带抱地一个劲儿地蹦。

我突然停下，“不行，我得去售票处问问是不是真票。”

高琦说：“如果是假票，售票处会没收的。”

“我傻啊，他说是过期票的那张，肯定不是真的了，我不会拿假票去问的。但是他说的这两张真票，是不是真的，谁知道啊？”

我拿着一张真票到售票处去问，果真是真的。我把两张真票给了高琦和小芳，我知道她们都不敢拿假票，就对她俩说：“验票时我走在前面，我会把票露出一半举在手里，你们把票严严地握在手心里。当轮到我时，你们就往前衝，假装要逃票的样子。”她们历来听我的指挥。

果然验票时，验票员刚要伸手接我的票时，高琦推了我一把就往前衝。验票员立刻喊：“那位同学，你的票呢？”高琦往回走。这时小芳立刻举着票前去，验票员手里拿着小芳的票，眼睛盯着高琦，似乎怕高琦跑了，而我这时却从容不迫地混进了前面的人群里。

我们沉醉在胜利的喜悦中，但女孩子本能的防范意识，让我想到千万别遇上那个男生。我对同伴说：“我们第一车厢就上，免得让那个男生发现我们。”

高琦嘲笑我说：“什么人啊？过河拆桥……”我刚要反驳，却发现远处有位大高个子就站在第一节车厢门口，看来我们是不可能从他面前越过到后面的车厢去了，这个人注定是无法摆脱了。这哪里是老天爷派下来的天兵天将啊。如果当时高琦那张美丽的面孔也像我一样低头朝着地面，我们可能就没有这三张票了。

那个时代，犯罪率确实极低，我们几乎就没见过坏人。

虽如此，看小说多的我，还是想得多了一些。果不其然，大个子男生，换到了与高琦对面的位置上，和我们一起聊天。他是北京人，自称是北京红代会驻南京的代表。我单刀直入："那你有你们组织的介绍信么？" 他立刻站起身来从行李架上把书包拿下，取出盖了印的介绍信。我不客气地问："这不是大萝卜戳印的吧？！"

高琦觉得我说话太重，接了一句："净瞎说！"

"不是瞎说，我是听说有这样的骗人办法的。"

那大个男生并没有生气，他仔细地告诉我，他的那个印和用大萝卜刻的印有什么区别，他丁是丁，卯是卯地解释。那个年代到哪里办事都需要组织开的介绍信，印章控制得特别严。当时一切行动都需经过组织批准，所以组织只有通过印章介绍信等控制每个人的行动。一切只认章，不认人也不认签字。为了摆脱组织的控制，一些造反派就开始用大萝卜仿刻单位印章。大个男生自称是高三学生，有意无意地透露他父亲是军队干部。我们聊完北京聊南京，聊完南京聊全国。不知不觉天黑了下来，大个男生对我们说，他要到徐州下车，因为徐州是历代兵家必争之地，是个非常值得去看的地方，问我们要不要也下车去看看。他讲了一些徐州的故事，勾起了我的好奇心，我立刻问："那票呢？"

大个子说凭票可以在路过的城市临时崭待一两天。听他这样说，我马上脱口而出："那我们去！"我回头望望两位同伴，想从她们脸上的反应看她们的态度。他们的脸上毫无表情，这使我意识到仿佛有些问题。于是我立刻假装上厕所，连问了三个人，到徐州站是几点钟，可是都因对方说南方话没听懂。我终于碰到一个说普通话的人，方知是半夜12点。半夜12点到徐州那太可怕啦，我心里想。

待我回到座位时，小伙子似乎睡着了，头低到高琦的腿上。高琦看见我回来，便呲牙咧嘴地表示她对那个大小伙子的厌恶，不想忍受他。她用手指比划着要跟我换座，换座就换座。我让她坐到我的位置上，大个子男生被我推醒。待他再次“睡着”把头低到我的膝盖上时，他马上“清醒”过来，立刻把头靠在座位的后背上去了。原来我从家带了一把小的削苹果刀，我坐到高琦的位置上以后，就把小刀立在膝盖上面，那个大个男生照例假睡，可一低头，忽然看见刀尖，吓了一大跳，立刻把头往后仰，从此再也没低下头过。我见他这回是真的睡熟了，不像是装睡的样子，便立刻小声地给两位同伴布置任务：“小芳，你负责拿他的书包，我和高琦负责把他推下车。”火车一站一站地向前行驶着，我特别紧张，因为当时没有列车员报站名，我生怕错过了站，每到一站便立刻问车站名。终于在半夜12点火车到了徐州站，我和高琦立刻推醒大个子男生，“你不是要徐州下车么？徐州到了，快下吧，别误站了！”

他迷迷糊糊地站起身来，在向门口走时还问我们：“你们下么？” 他似乎有些清醒问：“我的书包呢？”这时他已被我们带下了车，站在了站台上，他又问：“你们不是也下车么？”

“这是你的书包，我们不想去了！”我忙把小芳递过来的书包给了他。

只见他略迟疑一下，停住了脚步，但是他还是没好意思做出再回车厢的决定，只好一步三回头地，半睡半醒向车站出口走去。徐州站是小站，火车离出站口很近，我担心我们上车后，他会再返回来，于是对同伴说：“你们俩先回原座，我等车开了再上。”那时火车上下车的台阶是车开后再收回的，火车徐徐开动后，我望着已无人影的车站口，手握着车门的扶手，做了一个铁道游击队队员飞车的动作，从地面“飞向”了已开动的火车的台阶上，这个动作为我带来自豪感。回到座位后，我对同伴说：“他肯定上不来了，车开动后我才上的车，我上了车，车就加速了，除非他飞上来。”

到了家，我刚要向妈妈讲述我的奇遇，妈妈就说了尔娟比我更神奇更不可思议的事。妈妈说：“再别往外跑了，现在局势不太平，尔娟坐在院子里就挨了颗枪子儿。”这句话非同小可，险些把我魂吓跑了：“挨子弹了？！怎么可能？！”

“唉，就坐在院子里织毛衣，一颗流弹就过来了，还好没伤着骨头，没伤着筋，就在肉里穿了四个洞。”没等妈说完，我撒丫子就往尔娟家跑。

尔娟像没事人一样，只是这个原本不爱吹牛的人，好像变了个人一样，微笑里带着几分驕傲地对我说："我真厉害，算是经历过生死的人了。记得你去南京前我说子弹不长眼睛，没想到这颗子弹还真长眼睛。"她指着胳膊上的两个眼儿和腿上的两个眼对我说："再偏一点点就打着骨头和筋了，连医生都说太幸运了。"

"怎么打了四个眼儿呢？"

她说："我就坐在门口打毛衣，从东墙上方飞过来颗子弹，从胳膊穿进去，从腿穿出来。"

"好好地，哪来的子弹呢？"

"你走后不几天，这边也武斗了，院里的男人都组成防卫队，每晚六个人拎着棍子轮流在院门口值夜班，现在还值呢！"我发现尔娟话多了，情绪很好，我眼睛盯着她问："当时吓死了吧！"

"当子弹穿过时，我以为我马上就要死了呢，看见血往外流，差点没晕过去，那真是死一回的感觉。培敏，我发现我以前都是自己吓自己，一天就是怕，也不知道怕啥，总觉得有不好的事要发生。真都发生了，都经历了，也不过就如此。我不敢去南京，怕挨子弹，躲在家，这不也挨子弹了么？我妈没教过我应该做什么，成天就嘱咐我不能作这个不能作那个，凡事都让我忍，其实就是让我躲事，别惹事。我现在明白了：是事儿躲不过。我那么怕事，咋样啦，还不是一出一出地都落到我头上了？！我不还是我么，现在我觉得没啥可怕的了！"

嗨！别说，这改变还真不小，这番话真是她这些年的磨难换来的，叫我不得不对尔娟刮目相看。不过，她说完了，该轮到我吹牛了。我先讲火车如何在锦州车站停了大约三个多小时，我如何去火车头里和司机聊天，帮司炉填煤等；又讲在北京下车，如何碰到熟人，在北京玩了两三天；然后在北京去南京的火车上，如何与南京去北京请愿返回的大学生坐在一个车厢里，我们一起唱革命歌曲及唸毛主席语录等；又讲到雨花台的枪声及恐惧；最后讲到从南京返回沈阳时，在火车站老天爷如何派神兵天将来给我们送票的事。尔娟说："老天爷开始对我们好了，我姨说我大难不死，必有后福，你的经历证明天无绝人之路。"

22. 革委会成立

沈阳的武斗越来越升级，时常有大卡车载着“大刀队”的成员在街上耀武扬威地行驶着，车上的人有的嘴叼着大刀，有的手举着大刀，很是恐怖的样子。南京归来后，我一直老老实实在家里呆着，没再往外跑。一则是因为妈妈，当尔娟被子弹打中后，妈妈想到南京武斗比沈阳凶多了，而我一出去又20多天音信全无，凡事爱往坏处想的妈妈，一股急火竟吐血了。妈妈没对我说，但好心的邻居千嘱咐万叮咛：“孩子，不能再外往跑了，再跑就要你妈的命了。”二则是武斗巳使整个国家陷入瘫痪局面，到处混乱无比，再往外跑确实很危险。过去只要毛主席一个最新指示在《人民日报》上一发表，全国立刻闻风雷动所向披靡。那真是毛主席挥手我前进！现在无论社论如何强调消除派性大联合，各路造反派在夺权风暴后形成的你死我活的武斗及打砸抢局面却毫无改变依然故我。当初，千方百计把人的狼性虎性激发出来，如今想把这些兽性收回到佛祖手却显得极其乏力。沈阳继血洗东工（东北工学院）后，又出现了八二二机場事件，武斗人员端着冲锋枪和自动步枪冲进机场，打死打伤十八名解放军战士。各种恶性事件层出不穷，居民不得不设法自保。我们院子里的男性组成了防卫队，每晚九点由四个人负责保卫南门和西门的安全，另有外两人负责巡逻。我因为弟弟有病 主动提出代替他加入防卫队。由于责任在身，也就没有全国乱跑的想法了。可是每当轮到我值勤，他们总是派我担任巡逻，因为巡逻毕竟在院内，总比把门的任务要安全得多。我们戴着从工厂搞来的安全帽，手持木棒，煞有介事地沿着院子围墙一圈圈地走。尔娟曾劝我跟杨革的妈妈说，不参加了，她说：

“就你一个女的太危险了，”我说：

“不危险，很好玩，我喜欢！”然而当我真的听到子弾飞射的声音，我还是不自禁地赶紧躲到角落里去。

大概一九六八年初，毛主席以“人民解放军应该支持左派广大群众”为由，起用了军宣队（解放军毛泽东思想宣传队）开始对全国进行军管。各省还解放了一批老干部，纷纷成立了革委会。我省在一九六八年五月八日成立了辽宁省革命委员会，由沈阳军区司令员陈锡联担任主任。那时，每当一个省成立了革命委员会，《人民日报》都要发表一篇社论。记得三月份浙江省成立革委会时，社论是《紧跟毛主席就是胜利》；四月安徽省革委会成立时，社论题目是《无产阶级革命派的胜利》；五月辽宁省革委会成立时，社论题目是《东北大地红烂漫》，似乎比别的省多了些诗意。

现在杨革倒成了我家的常客，小芳和高琦很不以为然，常问我："她怎么老来你家啊？"

"邻居啊！" 我只能这样说，其实我是觉得，如果不是因为杨革的妈妈是我们院的革委会主任，咱们家一天到晚这个来那个往的，还不一定惹出什么麻烦呢！但我不能如实说，那样她们会说我势利眼。当然我对杨革最主要的还是感激之情，她能在焚书的情况下为我偷书；在人们要把我打成反动学生时，敢为我通风报信，这些都让我很是感动。但是我也不能把这些事说给她们听，说了也就毁了杨革。

高琦说："我看她现在天天一付无事可做的样子。"

小芳说："现在各地都成立了革委会，军宣队都下来军管了，不需要红卫兵了，她当然无事可作了"

"看她那一副心灰意冷的样子。"高琦说。

小芳问我："她没跟你聊聊她的心情？"

"聊了，她说，现在一天天过得很没意思，以前每天都有新鲜事，特有意思！"

"她倒活得有意思了，别人家可惨了。她最好还是没意思地活着吧！"小芳气愤地说。

23. 忠字舞

革委会成立后，全国确实有了新气象，一片红海洋。家家户户都贴上了红色的“忠”字，人人都“早请示，晚汇报”，唱忠字歌，跳忠字舞。我们院天天晚上由杨革妈妈召集院子里的人在一起跳忠字舞，由杨革领舞。杨革那时正感到十分无聊，所以很是主动积极地教大家跳《敬爱的毛主席》、《北京的金山上》、《向着北京致敬》等舞。开始时大家都不好意思跳，但杨革妈妈一通上纲上线，把跳忠字舞提到对毛主席热爱不热爱的高度上，每个人也就都跳了。但是那舞姿真的不堪入目，尤其在跳“向着北京致敬，向着北京致敬，把那丰收礼品献给您，领袖毛主席；各族人民爱戴您，领袖毛主席……”时，整个舞步从头到尾，男同志都给跳反了，就像瘸腿人那样一拐一拐走路的样子。我真不敢看，一看就忍不住想笑，我怕如果我一旦憋不住，笑出声来，再给我扣个“嘲笑忠字舞”的帽子就坏事了。那时候帽子满天飞，谁不怕呀？！不过跳舞总比造反派武斗强，歌声总比枪声好听。

革委会这时又提出了要“复课闹革命”。旧教材被批判了，新教材还没出来，老师们被批斗得已不敢讲课了，课根本复不起来。一打听，语文韩老师在父母的努力下，早已回到印尼的父母身边，校长不知何故已病亡，音乐老师因为是反动学术权威，被批斗后竟然自杀了。复课闹革命，喊得很响，可是课没正经地复过一堂，闹革命也没有任何新的内容。同学们聚在一起，似乎有一种幻灭的感觉，个个满脸茫然。文化大革命初期的那种破四旧时的昂扬激情早已无影无踪了。一大批老干部被解放后充实到革命委员会中继续担任领导，这使大家心里产生一个问号：说他们是走资本主义道路的当权派，揪出来、罢了官、批斗、抄家、夺权。怎么忽然他们又都革命了呢？又重新掌权了呢？那当初，课都不上，忙着夺他们的权，不是白忙了吗？这几百天的时间，忙得把自己都给忘了，意义何在呢？尤其是老高三的同学，他们似乎醒悟了，开始关心起自己的出路了。想当初，说高考延期半年，他们乐得手舞足蹈。现在似乎恢复高考无望了，尤其是根据各种小道消息，无论是“四个面向”还是“一个面向”，都有一个面向农村的问题。他们又都愁眉苦脸了。为了逃避下乡，小芳说她们班有些人已经开始找对象了。但那时所有的粮票、肉票、油票、糖票，布票、豆腐票，甚至灯泡票，都是按户口簿及粮证上的人数供应的，一旦户口转到农村，吃什么？用什么？所以，没有一个对象能谈成。

24. 抄家的惊慌

六月的一天早晨，5点不到，天蒙蒙亮，我在似醒非醒中听到清脆的敲门声，“谁这么早就敲门？”我妈边说边从床上爬起来去开门。我已经坐了起来，从大门镶嵌的四小块花玻璃处隐约看出是小芳。

小芳走进门来，对着我和妈妈说：“阿姨，把你们给吵醒了吧？”

我妈赶紧说：“不要紧，不要紧，坐下来说，有急事吧？”

小芳历来镇静，但此时也能看出有些紧张：“听说今天可能要到我家来抄家。”

“怎么知道的？”说完，妈妈也觉得失言，这话怎么能问呢！

小芳没回答，只说：“昨晚知道的。我姐姐不在家，就我和我妈两人怕应付不了。阿姨，你是知道的，搜出洋货来就会拿去展览，这倒次要，我妈最担心的还是榻榻米（即一种草做的床垫子）下面的报纸，一旦有毛主席像，我们家就完蛋啦！”

“是啊，肯定得有啊，报纸天天都印有毛主席头像啊！”我妈说。

我说：“别聊了，找上尔娟，赶快去你家吧！迟一会，上班了，他们到了就晚了。”

小芳说：“别叫尔娟，她胆子小不能去！”

“她肯定能去，她现在不胆小了。”果然，一跟尔娟说，她毫不迟疑地跟我们一起去了。

到了小芳家，第一件事就是从床上把榻榻米垫子移开，我们没让尔娟做这事，她身上毕竟有伤口。果然垫在榻榻米下面的报纸上有毛主席像，小芳的妈妈吓坏了。不停地用听不懂的上海话说着什么，那恐慌的声音充分表达出她内心的极度恐惧。也就前几天，她们院有一个人因为榻榻米下面铺的报纸有毛主席像被打成了反革命，罪名是他每天把毛主席压在身下。不能再铺报纸了，只要是报纸就有毛主席像，只好把榻榻米直接放床板上了，掉草就掉草吧，这年头管不了那么多了！

小芳又把我们领到里屋，打开五斗橱的抽屉，露出一堆胶片。小芳对我们说，这些胶片特别难弄。显然昨晚小芳和她妈妈已经忙了一夜，因为照片全没了，只剩下底片了。

这些美国带回来的底片确实难弄，每张都是120大的，而且都镶在一个厚厚的硬纸板框里。我操了把剪子就剪，根本剪不动。我想到用火烧，小芳妈妈说不行，一有烟味就会惊动邻居，他们肯定会报告上去。当时人人都有高度的革命警惕性。记得小学二年级时，我看到马路上有人用粉笔写道：毛主席是大坏蛋。我立刻报告给派出所，派出所为此到学校表扬了我，所以我深信小芳妈妈的话。扔到厕所里冲掉吧，根本冲不下去。又不敢当垃圾扔掉，只要有人拣到这些底片送给革委会，他们就会如临大敌，把底片印出来，照片的主人就会暴露，接着就会被加上销毁罪证的罪名受审查。

我跟小芳说："我们只能破坏中间的胶片，然后把硬纸板框扔掉，万一他们发现有什么可疑，也无法知道是谁家的。"我们开始毁坏胶片。说实话，我真的不忍心毁坏这些胶片，对着窗户一照，里面的景色好美啊，尤其是各种建筑物，都是我从来都没见过的。真想偷偷留下两张，但绝对不行，不能给人家增添灾难！

小芳妈妈见我看一张剪一张，心疼得不舍得下剪子的样子，对我说："我也舍不得剪啊，别看了，别管三七二十一就剪吧！一会儿他们来了就完蛋了。"我不敢再看了，心里想：为什么美好的东西都要被毁坏呢？我想到了那些令我们爱不释手的书；想到了千山上的庙和被砸毁的佛像；想到了那个游街的校长；那个长得不漂亮但却很优雅的语文老师；想到了……我一边百思不得其解地想着，一边用剪子往胶片上捅着窟窿、再顺着窟窿把剪子插进去剪掉底片。

把尔娟带来真是太正确了，多一个人，不仅快多了，而且她会用缝纫机，我曾为此嘲笑过她，说她是准备做家庭妇女，现在英雄有了用武之地。因为小芳妈妈拿出一堆领带要毁掉。我跟小芳妈妈说："都知道伯伯是从美国回来的，有几条领带还不行么？"

"没人这样想啊！前几天娄总家被抄，不光展览他家收藏的那些古董，连领带、西服，还有在美国照的照片都展览出了，让大家看他如何留恋资产阶级的腐朽生活方式的。"

说到娄总家抄家，那真是让人心疼。听小芳妈妈讲，娄总的老婆为此大病了一场，到现在都起不来床。她就是后悔自己嘴欠。原来抄家时，当造反派把古董瓶子往车上装时，她担心地地说了一句："这可是洪宪磁，小心啊！"她话音刚落，只见造反派手中那雍容典雅、精致玲珑的粉彩花瓶就从半空中落到了地上，瞬间，一地碎片。娄总老婆心和那瓶子一起碎了。她心疼得当时差点晕过去，这可是娄总的爸爸传给娄总的啊！小芳妈妈和娄总的老婆是好朋友，一个劲劝她："什么洪宪磁不洪宪磁的，现在什么都没价值了！"

我舍不得剪掉这些领带，那高档真丝面料作成的领带看着那么典雅。正当我犹豫是否要剪掉时，小芳妈妈拿起剪刀就剪，说道："孩子，别捨不得，保人要紧！"

是啊，小芳爸爸已被抓进去好几天了，省革委会刚成立不久，5月25日中央提出要清理阶级队伍，明确地提出要揭露打击那些没有改造好的地富反坏右，反动的资产阶级知识分子，以及隐藏的各种敌特分子。毛主席有个法宝叫：“阶级斗争，一抓就灵”。这次要求各路造反派联合起来难度很大，毛主席再次把斗争的方向引到地富反坏右及知识分子身上。小芳的爸爸因为是从美国回来的，那就很有可能是隐藏的敌特分子，这在阶级斗争社会里是很受欢迎的假设。就这样工厂开始审查小芳的爸爸，主要是弄明白他从美国回到中国是什么动机？小芳说她和她妈妈整天提心吊胆，生怕她爸爸有个三长两短。

正当小芳妈妈下剪子时，尔娟说了一句：“拼个椅垫吧，扔出去容易引起人注意，放在椅子上再铺一块破布就没人注意了。”这个主意可累坏了尔娟，因为领带的形状不容易拼成四方形。不过我可无暇管这些了，我得赶紧把胶片的硬纸板框扔得远远的。

我扔完纸板框回来一看，尔娟还真拼出来了几块椅垫，这些椅垫如果现在还保留着，真应该送给文革博物馆去。我对尔娟说：“聪明啊！手真巧啊！”尔娟连头都没抬一下，她现在真的什么都不在意了。

正在这时，一辆大卡车急速地驶进院里，在小芳家的窗户下急速停车，“咔嚓”一声巨响，如五雷轰顶。然后是车上的人往下蹦的杂乱脚步声。

小芳妈妈说了一句：“完了！”就不省人事了，我对小芳说：“你管你妈，掐她的人中，我去开门！”

我往门口走时，不放心地回头看了尔娟一眼，只见她正从容不迫把线轴从缝纫机上取下来，很有阿庆嫂那从容不迫的神态。反而是我心里开始慌乱："他们如果把我逮去，说我帮助敌特分子销毁罪证，我该怎样说……"我在门口等着，只听一阵急促的脚步声，冲进楼道里。我的心提到了嗓子眼儿，头皮感到发麻，头也有点眩晕。那些急促的脚步声分明没在门口停下，而是直接上楼了。

我喜出望外，赶紧返回，一边拍着小芳妈妈的后背，一边告诉她："不是咱家，上楼去了，上楼了。"小芳妈妈舒出了一口气，苍白的脸色渐渐转回正常。过去我和尔娟特别羡慕小芳妈妈。每次去小芳家，她妈妈不是在桌子上从米中往外挑砂子，就是看书，每天不愁吃不愁穿，日子过得悠哉悠哉的。不像我们的妈妈，不但要上班，还要愁吃愁穿，尤其是尔娟，每次提到小芳的妈妈就会想到自己的妈妈。有一次，我们谈论小芳的妈妈时，她陷入深思，说了一句："一失足成千古恨！"但意犹未尽，嘎然而止。我立刻明白，如果她爸爸当年反右能闭上嘴巴，我们羡慕的就不止是小芳的妈妈，一定还有她的妈妈了。不过现在我可一点儿都不羡慕小芳妈妈，看来人还得多经历点儿事，否则大祸临头时就会像她这样不知如何应付了！

小芳见妈妈没事了，就让我进里屋去。她取出一个沉甸甸的小包，打开一看，里面是10来个金戒指。小芳说："我妈要把它们扔到下水道里冲走。娄总的老婆告诉我妈，现在家里有金戒指金耳环的都扔到下水道里冲走了。我妈要扔，你说扔不扔？”

我说：“别冲走啊！太可惜了，先拿到我家吧！等不抄家了，我再给你拿回来。”

不知为什么，我和尔娟在回家的路上都没说一句话，我的心情比那揣着金戒子的裤兜还沉重，我觉得我们的生活愈来愈像电影里描写的国民党白色恐怖时期的样子了！连天空都像电影里那灰蒙蒙的。我用手指摸着墙往前走，所有的墙几乎都写着打倒XXX，打倒XXX，名字上还用红笔打上大叉。这面墙就在我家对面，中间隔条马路，我从小到大只要往西走去上学或去百货公司，必定沿着这面墙走。墙上的标语经常变换。记得上小学三年级时我已认识很多很多字了，那时这面墙上的标语是“一年等于二十年，跑步进入共产主义”，“全民大炼钢铁，三年超英，五年赶美”。后来就是“自力更生、艰苦奋斗”。再后来就是“不忘阶级苦、牢记血泪仇！”等等。

到了家，我把金戒指交给妈妈，妈妈立刻一脸怒色：“说你傻，你真傻啊！还有把这东西往家里拿的？人家扔都来不及。你是看你妈没关进去，你难受是吧？怎么生你这么个傻透顶的玩意！你给我送回去！”

“我不送！”我撅着嘴气急败坏地顶回去，心里想：送回去？！那可掉死价了！

我妈站着寻思了一会儿，把一床被子从床上的被叠里扯出来说："咱家这戒指我都不知道怎么藏才好，只好每个被角缝进一个，现在你让我往哪里藏呢？"我突然想起有一回妈妈在院子里晒被子，非让我坐在小板凳上看着被子。我心想：三床破被有什么好看的！等妈妈走了，我就找同学玩去了，回来后挨妈妈一顿痛骂。当时我还不明就里，觉得妈妈小题大做，今天才明白这哪里是三床破被，它是妈妈从娘家带来的嫁妆啊。

我口气软下来对妈妈说："那我想办法，找地儿保存吧！"

这句话一落地，妈妈的火又来了："你保存？省省吧！看管东西不行，丢东西一个顶俩，自行车、衣服、围巾、书包、文具盒，哪有你不丢的？行了！先搁在我这儿放两天，等她家抄完后，赶紧给我送回去！"

两天后的傍晚，小芳来我家告诉我："没事儿了！下午造反派到我家抄家了，翻了个乱七八糟，也没翻着什么就走了。展览会肯定是开不成了。"我心想：现在家家都在做被抄家的准备，该销毁的都销毁了，还真是没什么可抄的了，也就没什么可展览的了。

我找到我妈，把戒指要回来，还给了小芳说："你家抄完了，反而安全了，没抄着什么大概就不会再抄第二次了。放我家，反而可能不安全啦！我妈说她现在处境也不好，单位里的人一口一个资产阶级大小姐地批判她，我妈说，不一定哪天会来抄我家呢！

25. 八月的知青狂潮

八月一日《人民日报》、《红旗》杂志、《解放军报》共同发表了重要社论“坚强的柱石”指出：对待解放军的态度，就是对待无产阶级司令部的态度。这让我想起两年前，一九六六年也是八月，也是《人民日报》发表的社论“向革命的青少年致敬！”，还有五天之后的社论“向我们的红卫兵致敬！”。那时，也是旗帜鲜明地指出：对群众运动采取什么态，是支持还是反对，是区别革命和反革命的一个极为重要的标志。

八月七日毛主席将巴基斯坦外宾赠送的芒果转送给了进驻清华大学的工人宣传队，当时的工宣队由六十多个工厂的三万多名工人组成。

八月十五日毛主席接见驻清华大学工宣队的代表。

八月二十六日，《人民日报》发表姚文元的文章“工人阶级必须领导一切”，并公布毛主席的指示：“工人宣传队要在学校中长期留下去，参加学校中全部斗批改任务，并且永远领导学校。”

我明显地感到：红卫兵时代结束了，红卫兵已是昨日黄花了。

此时，小道消息满天飞，同学们在一起讨论的话题都围绕着自己的出路问题，而不再是打到谁批判谁了。大部分人都忧心忡忡，不知自己会以什么方式被扫地出门。有的说，可能一锅端到新疆，有的说去黑龙江北大荒，还有的说是四个面向。

尔娟现在已经买了一把小提琴。据她在文艺团体的那个表姑说，自从样板戏《智取威虎山》伴奏增加了西洋管弦乐器后，所有的样板戏都加上了交响乐伴奏，自然也就有了对小提琴手的需求。她表姑说，现在真正小提琴拉得好的人很少，而且玩乐器属于技术活，政审没那么严。她表姑为她找了个老师。据说上了几堂课后，尔娟的进步使老师特别惊讶。现在尔娟真的是两耳不闻窗外事，一心只拉小提琴，真不知她能否靠她精湛的技艺考进交响乐团。好在各地革委会都大力支持样板戏，那是毛主席的夫人，伟大的革命旗手江青同志亲自打造的样板，各地的样板戏剧团必须一模一样地模仿，不得篡改。早期凡提出不同意见的或有所更改的都被定为“破坏革命样板戏的现行反革命”。《人民日报》不断地推波助澜发表社论号召普及样板戏。因此，各地革委会都把样板戏作为一项政治任务在本地全力发展。

我和高琦、小芳、文佳、于非都像热锅上的蚂蚁，天天被可能下乡的消息搞得心慌意乱。

准确的消息终于来了，“一个面向”！全部在校学生百分百都得下乡！毛主席又一次挥手了“知识青年到农村去，接受贫下中农的再教育很有必要！”。听完一个面向，百分百都下乡的指示后，小芳没有回家，直接哭丧着脸来我家。我知道小芳对自己的人生是有期许的，只不过不敢讲而已。当时大力批判的是“名利”思想，大力提倡的是“我是一块砖，任党随意搬。”及“作一颗革命的螺丝钉”。这些口号可以喊，但一生这样渡过，不想碌碌无为的人是心有不甘的。小芳这次说了实话：“我妈当初让我四岁上学就好了，这样文革前，我就可以考入大学了，而且我相信我会象我姐一样考入上海交大。就差一年啊，没办法。晚生了一年，我只能当一辈子农民了。原来我想，女孩子当一名大学老师挺好，再拿一两个科研项目，如果有所突破，成为科学家也不是没有可能的。现在一切都完了！”小芳透顶的失意，让我感到冰冷彻骨。其实在很多人的心底里都藏着成名成家的愿望，但因为它被定性为资产阶级的腐朽思想，一次次地的自我批判使这种愿望躲藏到了心底最深处，变成了秘密。我也一样，小学四年级时的一天，我突然想到要当个作家。但是随着形势的变化，我逐渐明白对于我这等出身的人来说当作家是极其危险的职业。后来这个愿望就渐渐地沉入心底深处。我和小芳因为同病相怜而推心置腹，我们除了流泪没有任何办法，因为没有选择！这是我第一次看到小芳流泪，知道她心里的痛苦。我也一样，生命是我自己的，但如何渡过这个生命却由不得自己。我痛恨那个班主任，我本来要报考中专，可他为了保住学校的好苗子，非要我报考本校。如果我当初考进中专就不用下乡了，现在我无比羡慕那些考不上高中的同学，我和她们将是工人和农民之间的天壤之别。

接着文佳也来我家了，我至今还记得她说的一句很经典的话："'砸烂一个旧世界'，就是让自己变成一个农民呗！"她愤慨不已，说自己费挺大劲考取高中就是为了上大学，结果大学不让上就罢了，连小工人都当不上了。小工人当不上也就罢了，现在连城市户口都没了，变成了农村户口，以后祖祖辈辈都成了农民了！

高中生愁眉不展，初中生却还有热情。学校照例设法把下乡前的誓师大会搞得轰轰烈烈，初中生依旧热血沸腾地纷纷跳上台，发出豪言壮语："我们没有赶上抗日战争；没有赶上解放战争；没有赶上抗美援朝，但我们赶上了上山下乡的伟大运动。这是一场改天换地的伟大斗争，党和毛主席再一次把这样伟大的任务交给我们，党指向哪里，我们就奔向哪里，我们要按着毛主席指示发扬'一不怕苦，二不怕死'的精神，扎根农村，干一辈子革命！" 可惜这些豪言壮语再也激不起我们高中生内心的一絲漣綺了。

当周围的人们准备行李时，我突然觉得我要保卫我的城市户口，不可轻易放弃。我以爸爸去世，妈妈和弟弟都重病在身为理由，提出必须在家里照顾病人，不能下乡。没想到那个不喜欢我的班主任居然同意了。后来我才知道，除了我和另一位本人有病的同学外，没人要求留城。尔娟不像我，没有反骨，永远是乖乖听话的那种人，不过她的下乡倒改变了我的命运。

26. 户口被注销

尔娟到农村后的第一个活就是摔花生。尔娟给我的信里先描写她们村里的那个湖，朝阳时湖是什么样子、夕阳时湖又是什么样子。她又描写她们如何摔花生。她说这活一点都不累，大家围个圈，拿着花生秧子往石板上摔，一边摔还可以一边吃。那个风景如画的湖倒没怎么吸引我，但是一边摔花生可以一边吃这事却着实吸引了我。我对妈妈说："我想到下河泡去看尔娟。"妈妈喜欢尔娟，也可怜尔娟，就说："行，去吧，你给尔娟带一罐大酱去，我这就去炸酱，多放点油。"

我到尔娟的生产队时已是傍晚收工后了，我让尔娟带我去看湖，这湖真让我失望，湖面不大，湖水不清，很多蚊子嗡嗡地叫着。我对尔娟说："我知道你们村为什么叫下河泡了？这哪是湖啊？分明就是河泡子，就是块存着水的洼地。”尔娟说：“管它是湖还是河泡子，美就行！”可怜海河边出生的人竟然如此欣赏一个河泡子。

第二天开始摔花生，我一边摔一边吃，尔娟小声对我说：“唉，你怎么明目张胆地吃啊？大家都看着你呢！”我一抬头不要紧，所有人都赶忙移开他们的眼神，这哪叫随便吃啊？一圈人都在监督你呢！只摔了两天花生，我就跟尔娟说我得回家了，农村可真不是好混的，我的前胸、后背、大腿让跳蚤咬得快烂成一片了。

回到家，我跟妈妈说，农村我真的去不了，连个电灯都没有，没法看书。谁家都没有厕所，只在房后挖个坑，擦屁股用树棍，用纸农民不高兴。跳蚤咬得你睡不着觉。妈妈立刻满脸悔恨地说：“完了，完了，这下可彻底完蛋了，你的户口已被注销了。学校来人索要户口簿，说你自己去农村了，这说明家里不需要人照顾，是可以离开的。”我立刻奔向我家唯一的柜子，在抽屉里翻出了户口簿，我急不可耐地翻到我名字的那一页，果然一个红红的“注销”印章盖在上面。我真不明白，我妈怎么可以轻易地就把户口簿交出去了呐？我气得不行，真想把户口本摔出去，但是不敢。我知道妈妈就站在我身后，她这时一定肠子都悔青了。想想文革时每个人头皮都特薄，一不留意就会被批斗。妈妈是个有严重的政治历史问题的人，她像现在这样活着，还算有点尊严，我不想责怪她。每个人在大势面前都是蚍蜉撼树，螳臂挡车。我伤心欲绝地捧着户口簿，眼泪哗哗地流着，但我不想让妈妈看到我悲伤的样子。可是眼泪就是止不住地往外流。很久，很久，我听到妈妈长长的一声叹息，“唉——，我怎么这么糊涂啊！”她一边说着一边重重地拍着自己的大腿。我心疼妈妈，赶紧把户口本放了回去。我一边放一边想，我只到农村去了三天，又是谁告的密？我又想到那次喊口号的事儿，我真不知道那双无处不在的眼睛究竟在哪里。我真恨这个人。

不过，今天看来，我还要感谢那个告密的人。我当然也要感谢尔娟的那封文采飞扬的信，如果不是她那封信我绝对可以留在城里。但留城的人下场并不好，全都分配到“三小一道”，即街办工厂。所谓街办工厂，就是以街为基础，把家庭妇女组织到一起，给大厂矿生产一些小配件。活自己揽，挣出錢才可以开工资。工资没有保障，不是铁饭碗。而且成天跟一群家庭妇女混在一起。可是知识青年就不一样了，虽然下乡苦干了三年，但返城后大多分配到国营单位，最差也是大集体单位。要知道那时男孩子如果在大集体单位，尤其是在社办工厂工作，找对象都非常困难。若干年后，我常把这件关乎命运的事当笑话讲，我调侃自己真不是一般的吃货，居然拿城市户口换花生吃。

我不得不收拾行李前往户口簿注销时注明的户口迁入地——下河泡。临行前，没有敲锣打鼓的欢送，只有妈妈一遍遍在耳边叮咛：“一定要少说话，要管住自己的嘴，从你出生后，这运动就没断过，三反、五反、反右、反右倾、大跃进、三面红旗、人民公社、文化大革命，记住，不管什么运动来了，都千万千万别发表自己的意见，这点你得学尔娟……”

在妈妈的叮咛声中，我踏上了去往下河泡的长途汽车，窗外沿路的风景不停地向后退去，我无心欣赏，只是不停地用手绢擦着泪水。未来的岁月将如何渡过，我一片茫然。不知命运将把我带到何方。

27. 插队落户

当尔娟见我背着行李站在她面前时大吃一惊。等我讲完经过，拿户口本给她看后，她领我找到了她们大队的大队长，并出示了我的户口簿。我本以为他会满面春风地连说：“欢迎，欢迎！”可没想到，他把眉毛皱得老高，一付气急败坏的样子说：“怎么又来一个？还让不让我们活了？就这点地养这么多人，怎么行？不行，明天我得去找公社，我们的指标早就满了！”我眼泪刷地一下流了出来，怎么混成这个样子，连当农民都没人要。大队长见状赶紧对尔娟说：“明天我给你们准信，今晚让她先睡你那！”

尔娟落户的这家人家真好，是个五保户。五保户就是没儿没女，需要大队照顾的人家。这家大娘的老头去年刚去世，就剩大娘一个人了。摔花生那两天，我就住在大娘家，体会到她的热情和实在。这次见我又回来，她紧着嘘寒问暖。

下河泡的大队长赢了，公社同意他拒绝接收我，因为指标确实超了。下河泡本是高琦、小芳她们高三.一班的下乡点，但因为是郊区，很多被分配到远处农村的同学都跟随亲友来到了下河泡，光我知道的，梅怡就是高琦带来的，尔娟就是小芳带进的。我现在居然成了农村不要，城市不留的人了。我一愁莫展，不知如何是好。尔娟突然想到了一个人："我去求陈秀云，她的表姐是咱们公社的妇女主任。""啊？你去求陈秀云？人家能搭理你么？""能！"尔娟特有把握地说着。原来陈秀云那次在班级又设专政桌，又唱"老子英雄儿好汉"后没多久，北京联动的头头被抓，陈秀云所在的《红后代》组织也遭到了批判及取缔。陈秀云立马灰溜溜的，几乎没人搭理她。她曾找过尔娟，表明自己是受了反动血统论的影响，希望尔娟能谅解她。

农村亲连亲，陈秀云所在的南廊大队的大队长，是陈秀云表姐的舅公。尽管大队已打发走了好几个要来这里落户的知识青年，但还是接收我了。不用说，陈秀云的表姐还是很有面子的。不过最后落户在三小队也是因为那位小队长看中了我个子高，他说了一句："还行，身大力不亏，那就留下吧！"

真是莫大的嘲讽，第二天去田里割稻子，生产队长问我："你报几根垄？"我丈二和尚摸不着头脑，等我弄明白"垄"是什么概念后，我说："两根垄。"我不知道别人都报五根垄，结果惹得周围人一阵大笑。幸亏我只报了两垄，就这两垄，我已经被社员和先来的知青远远地甩在后面了。没出两个小时，我见不到任何人影，只有留给我的那两垄稻子金灿灿地伸向远方，好似没有尽头。由于不会使用镰刀，加上心急，我左手的每根手指都割破了，鲜血直流。望着那一捆捆血迹斑斑的稻子，我眼泪狂流，不得不站起来，害怕在泪眼模糊中再把手指头割下来。我强迫自己休息一会儿，四处张望。东北的大平原真是一望无际，金色海洋似的稻田，什么时候才能割完啊？我愁绪满腔，不知道这种日子何时是头。我自报要割两垄稻子，每捆稻子上都有我手上流出的鲜血，这些在日后竟成了我过“劳动关”的讲用材料，这是后话，当时那场面真是惨不忍睹。我气喘吁吁地流着汗，流着泪，流着血，却不敢休息，心中唯一的愿望就是跟上大流，但是越心烦气燥越跟不上大流。我虽然个子高，但身体并不好，我当时并不知道，我妈妈的肺结核已传染给了我，我只是感到自己无法承担这繁重的体力劳动。

我对生活已厌倦到了极点，每天起床，浑浑噩噩地随着人流走到地里，又浑浑噩噩地随着人流，从地里走回来，然后瘫倒在炕上，连饭都没力气吃。我不想跟任何人说话，听我落户的那家社员告诉我，很多人都以为我是哑巴，据说当时要我的那个队长已后悔得不行了。

终于不用去割稻子了，天下雨了，我可以在家休息了。尽管已经累得不想走路了，我还是冒雨走到附近的河泡子那里，任凭雨水打湿了头发、打湿了衣服。四下无人，我坐在河泡边的石头上，看着雨水打在水面上，形成的圈圈。众多的雨点，众多的水泡，众多的圈圈。秋风、秋雨、愁煞人。我的泪水和雨水混在一起。我想到学校里夕阳下的小树林，我们在那谈论人生。这个人生哪里该是你谈论的，该是你想象的，你再能想象也绝对想象不到日后的人生居然会是这个样子的！这样的人生还值得我过么？想到村口矮墙上写的标语“扎根农村干一辈子革命”，我不由自主地站了起来，脑子里一片空白地向湖水走去。我正要向湖水跳下时，河泡中央的一丛灌木让我突然意识到这只是一片洼地，只是个河泡子，太浅了，无法淹死我。但死这个想法居然吓倒了我自己，我哇哇大哭起来，泣不成声。我觉得一辈子这样活着，牛马不如，一点也不值得。我想到了尔娟说的话：“我这辈子就是家庭妇女一个，那活着还有意思吗？不如死了算了！”尽管我疲乏得不想走，但我还是向二里外的下河泡走去。我太需要一位知音了。

当我浑身湿透，眼睛红红地站在尔娟面前时，她吓了一跳，立刻放下手上的小提琴，把手指摆在嘴上，示意我别说话，因为大娘正在下屋理柴禾呢。这时，雨已停，她拉着我向河泡子走去。我们又坐在石头上，她问我咋地了？我就把来农村后割稻子的这些事及我的感触告诉她。我问尔娟：“你还想活么？”尔娟点点头，我大吃一惊，甚至感到有些遗憾，心里想：当不成演员上不了大学都想死，如今都成了农民，怎么反倒不想死了呢？

尔娟问我："你听说过吴洪伟么？"

"知道。"我心不在焉，我不想在雨后坐在湿漉漉的石头上跟她聊什么吴洪伟。

"他被'中央乐团'录用了。"

"那跟我们有什么关系？"我的语气里已带着按捺不住的烦躁。

"那我也有可能啊！只要我刻苦练习！不进中央乐团，进地方乐团也行啊。"

"你知道他爸爸是谁吗？"我语气很酸，

"他爸可是国民党部队里的顶尖指挥，是戴帽历史反革命分子，这说明他爸当年的级别很高。"我差点就要说："你能跟他比么？"因为我知道，他爸不光教儿子小提琴，他爸爸还有很多人脉，他爸爸的很多学生都是乐团里的顶梁柱。我费了很大劲儿把刚要说的话咽回去，因为我意识到尔娟之所以没有像我这样对人生如此绝望，是因为有吴洪伟这样一个榜样，为她重新燃起希望。

人有希望多重要啊！希望会鼓励你活下去！可我的希望在哪里呢？一想到我们要"扎根农村干一辈子革命"，眼前就出现周围农村妇女的画面，围着孩子转，围着炉台转，跟孩子吵，跟丈夫闹。多少次我在日记中写道：希望自己的一生是奋斗的一生，不平凡的一生。现在，差距也太大了点吧？人生最终真的就剩下农村妇女这条路了？我真不想活了。

我心烦意燥地站了起来，准备离开。我后悔走这么远的路来到这里。我看到我和尔娟根本不在一个状态中，我潜意识里认为此刻的尔娟一定和我一样不想活下去，我想像的是我们俩会绝望地抱在一起嚎啕大哭一场，可尔娟却活在希望里，根本无视眼前的痛苦。而且她好像谈性正浓，拉着我继续谈她那考乐团的美梦，好像又在讲吴洪伟小时候的故事，似乎是吴摔碎了一个盘子，他的爸爸说："只要你能说出盘子摔碎时是什么调什么音，我就不打你。"诸如此类的故事，我的心已经烦得没有一点兴趣去听，思绪跑得老远。突然我想到割稻子的事，我好奇地问尔娟："唉！我还忘了问你，割稻子时你报了几垄？"我一进南狼大队就忙着割稻子，实在没有时间也没气力跑到下河泡来。

"五垄。"

"五垄？！"我几乎是喊出来的。

"大家都是五垄啊！"

"你能跟上么？"

"能啊！她们割到哪，我就割到哪。"

我望着这个看起来单薄的，甚至娇贵的尔娟，几乎难以置信。

"你知道我报几垄么？"

"几垄？"

"两垄！！两垄，我可以随地大小便，因为我被落下老远，老远，老远啦！广阔天地里就我一个人。"

“培敏，你在家是油瓶子倒了都不扶的人，什么事都你妈做了。我妈做翻砂工，到家一点力气都没了，买粮、做饭都是我的事，在旧房子时连打煤坯都是我的事，你以为你比我力气大呢，你差老远了！”

啊，这么大的差距啊，相形见绌，我有点瞧不起自己了。甚至感到有点丢人。还是自己不行啊，我决定每晚举砖头，增加臂力！

我又问尔娟：“你不在意将來当个农村妇女么？”

“怎么可能当农村妇女呢？”尔娟瞪大眼珠子，一副难以置信的样子，看来她连想都没想过这个问题。

“不是让我们扎根农村一辈子么？！”

“不可能在这儿呆一辈子的，第一我要努力考进乐团，就是考不进，做随军家属也不在这儿呆着！”

“随军家属？”我感到这四个字特别扎耳。我不懂尔娟咋会想到作随军家属了呢？聊着聊着，我知道了，原来在下乡的前一天，她在商店买东西的时候碰到了她小学时的一位同学。这位同学学习特别不好，初中没考上，进了民办中学。后被他爸爸送进部队当了兵。也许他知道尔娟马上下乡已是农民，加上他现在是军人在社会上的地位特别高，女孩找对象，第一的选择都是军人。这位军人和尔娟见面后竟接二连三地来了好几封信。

尔娟还是有些心动，她一边说他太没文化，一边要让我看他写的信及他寄来的照片。

回到她的住处，我先看了他的照片，五官长得还不错，但一眼就能看出没什么文化，再看信，那真是满篇错别字。但从信里看得出来，在整个小学期间，尔娟就是他心中的女神。

是啊，尔娟那么好看，不迷倒他才怪呐。我想起我在马路上遇到尔娟的经历。有一次，我的目光突然被马路对面的一个女孩吸引。那时除了间或有些绿色的军装和灰色的中山装以外，满街都是一样的兰色服装。那个女孩子也是一身兰，不同的是胸前系着一条飘动着的红色的纱巾，好似火焰。我感到这女孩风姿绰约与众不同。我加紧脚步，过了马路，走近这个女孩，想搞清楚她到底什么地方出奇，让人感到如此与众不同。结果，走进一看，我大叫一声："你啊？！"尔娟被我一喊，吓了一跳。见我上上下下地打量着她，感到莫名其妙，用疑惑的目光看着我问："没吃错药吧？"

尔娟特想知道我对这件事的看法。我已深切地体验到没有未来的日子是多么令人厌世，我刚才险些为此把自己投入水中。我怎么忍心说出内心的想法。就让尔娟生活在这点光亮里吧！哪怕是一根火柴的光亮。我推说我没她早熟，不懂这些事。

其实，我一点都不看好这件事，成为军人的妻子是要经过政审的。我的邻居曾给我讲了一个她朋友的故事：一个女孩喜欢上了一个男生，这个男生考上了军校，军校毕业后，男生自然留在部队，但女孩却未婚先孕了。男方打报告提出要结婚，部队赶紧派人下来对女孩进行政审，结果政审不合格。出路只有两条：一是男方放弃女方，一是男方转业。还好，男方选择的是转业。所以随军家属对于尔娟来说是不可能的。但我知道尔娟身边有两个鲜活的样板，一个是她的妈妈，一个是她的姨，她的妈妈找了个资本家出身的大学生，如今活在社会底层，她的姨嫁给了军官，如今一路上升，要风得风，要雨得雨。我理解她的心思。只愿好梦作得长一些，别醒！

28. 农闲斗地主

农忙的时候，天天盼着农闲，没想到真到农闲了，还是不得闲，各种会议又来了。今天先是知青会议，然后是社员大会。我们知识青年之间本不熟悉，当初来不及建立“青年点”，知识青年都分散着住到社员家里，美其名曰“与贫下中农三同”——同吃、同住、同劳动。

我赶到小队部，走进院场，就听到里面已有很多人在说话，院场里养着小队的牲畜——一匹马、两匹骡子。进到屋里就见南北两张长长的大炕，能容纳几十个人。两炕之间是过道，在过道堵头的墙面上挂着一幅毛主席的标准头像。先来的知青自然都坐在炕头，那时东北的天气已经很冷。我因为过不了劳动关，整天愁眉苦脸，和谁都没话，所以这些知青几乎都不认识。我头不抬，眼不睁，不和任何人打招呼，径直坐到炕的中间位置上。

主持会议的是杨占勇，我听说过这个名字，尤其是吴小芳曾提醒过我：“你们小队有个叫杨占勇的，你小心他一点儿。”其实这个人我见过，斗争校长时，他扎着武装带站在校长身后踢校长拿皮带打校长的那一位。现在总算让我把名和人对上了。

杨占勇说：把大家召集起来，是开个动员会，就是要大家参与进来，把南廊大队第三小队的阶级斗争盖子揭开。他说，文化大革命进行了这么久，这个小队的地主、富农居然没有被斗争过，已让人“是可忍，孰不可忍”了。所以一会儿就召开全体社员大会，批斗地主夏德阶和富农王富茂，希望大家“不忘阶级苦，牢记血泪仇”，要做斗争骨干，要敢于斗争。他用眼睛在大家的脸上扫了一遍后，到我这突然停下了一会儿，不知为什么，我感到一股杀气。

陆陆续续，吃完晚饭的社员们仨一群，俩一伙，连说带笑地走进来。当他们突然看到杀气腾腾的知青坐在那里，立刻嘎然而止。我不断地为后进来的社员让位置，竟让到了炕稍。

杨占勇开始讲话，大致意思和刚才对知青们讲的差不多，只听他大声地喊道：“把地主夏德阶、富农王富茂押进来！”只见四个知青分别押着两个人走进队部。那时没有电灯，只有煤油灯，我看不清每个人的脸，只听见杨占勇厉声喝道：“站这！！向毛主席请罪！”我的心跳开始加速。

“你这是请罪么？”只听啪啪两下，是手打脖子的声音。

“不老实？！跪下！”扑通扑通是两个人被踢后跪下的声音。

这时一个女生领头喊起来：“打倒地主夏德阶！”“打倒富农王富茂！”“剥削有罪！造反有理！”“不忘阶级苦！”“牢记血泪仇！”她每喊一句，大家就跟着喊一句，当然是炕头的知识青年喊得最响。我这时浑身的汗毛都竖了起来，我一点点向炕尾移去，突然听到扑通扑通十几个人跳下炕的声音，然后就是拳打脚踢、扁担打人的声音，之后就是地主、富农撕心裂肺的惨叫声。我紧张得不行，觉得灵魂在发抖，我尽力让自己靠在墙上支撑住自己。我不知道会是如何结束的，总之我顺着人群回到我寄住的社员家中，我们一句话都没说。我躺在炕上难以入眠，只觉得炕很凉。

第二天，又有通知下来，晚上继续开社员大会。不知为什么，我真的怕像斗争走资派一样，没完没了的斗下去，早知农闲是这样的，我情愿永远流汗、流泪、流血地在田里割稻子。我慢慢地向队部走去，特意等着人流多的时候，随着大流进入队部。我依然挑炕稍的位置坐下，凉点儿就凉点儿，总比浑身发抖强。又是杨占勇站在前面讲话，还好，这次是让全体社员“早请示，晚汇报”。看社员一脸的迷茫状，杨占勇开始解释：“早请示：就是早饭前站到毛主席像前，先给毛主席他老人家行个礼，然后念毛主席语录，最后要祝福毛主席他老人家万寿无疆。晚汇报：就是晚饭前，照样先行礼，然后念毛主席语录，最后跳忠字舞。有知识青年的家庭，要跟着知青学跳忠字舞，没有的，祝福毛主席万寿无疆以后就可以吃饭了。”

我落户的这家社员人不多，两个儿子都成家了，一个在供销社工作，一个是公社的干部，家里只剩下个女儿叫夏齐艳，已到了谈婚论嫁的年龄。她话不多，但爱笑，不过她的笑并不甜蜜，有一种不好意思和嘲讽的意味。

第二天早上，我醒来，发现他们三人已站在毛主席像前，等着和我一起早请示呢。饭已摆在炕桌上。我历来嘴急，向毛主席像行完礼后，就对他们说：“今天就念毛主席语录‘为人民服务’吧！”他们问：“就这五个字就行了？”我说：“这五个字非常重要。”五个字说完后，又说了九个字“祝福毛主席万寿无疆！”一共说了十四个字后，完成任务，我们开始吃饭，席间无话。

晚饭前，我估摸大爷大娘会不好意思跳舞，便说：“我们竖着排队，我打头，齐艳第二，大娘第三，大爷站到最后。”他们很高兴。我歌唱的不好，但跳舞还可以。我就选“向着北京致敬”这首歌，跳忠字舞，他们站在我后面，跳得好不好，跳与不跳，我都不管。吃饭时，大娘问我：“你什么时候回沈阳？”我说：“没定，有事么？”大娘说：“齐艳没进过城，想跟你进城看看，行么？”我知道妈妈好客，一口应允。

29. 相聚的时光

说起我们家的院子，虽然是连体别墅。现在已经很不像样了。本来院子就不很大，现在只剩下过道了。孩子们长大，要结婚没有地方住，只能在自己家的前后空地上压个小房子。所谓压小房，即是用从各处捡来的砖头借助自己家前面或后面的墙砌个带小窗户的简易房，房顶铺的油毡紙都用砖头在上面压着。每家都砌，我家也不甘落后。妈妈在后院压个仓库，在屋前仿照别人家圈了个院子，砌个鸡房，养了几只鸡。

齐艳到我家，妈妈很犯愁，其实妈妈很有厨艺，但巧妇难为无米之炊，家里实在没有什么能拿出手的东西招待人家。想了想，为了女儿，我妈竟把一只正在下蛋的鸡给杀了，这样连吃了三天。总之，齐艳非常感动，加上我带她到处逛，她觉得很开眼，直为我惋惜，好好的城里人一个令下就变成了农村人。

齐艳走了以后，原来常到我家的同学们，又开始重新聚在一起。她们都像我一样，落户的社员家里人没进过城里，想跟我们进城开开眼。这下可有话题聊了，第一个敢讲农村人笑话的是文佳，她说："你们信不？她们没见过楼梯！"文佳故意停下来，拿眼睛在每个人的脸上扫了一圈以后说："一进联营（百货公司），你们能想起来那迎面的七八阶的楼梯吧？！"大家忙着点头回应，"知道么？我落户这家的小霞一看到这楼梯，马上惊讶地喊道，哇！这么大的洗衣板啊！"

我们立刻哄堂大笑。梅怡接着说："我讲个笑话。我们队赶马车的老把式，下车时发现东西忘在火车上了，可是火车已经开动了，情急之下，他对着火车就连喊几声'吁——'，'吁——'，火车不是马，不听他的号令，照样往前开。"

笑过之后，高琦说："瞎编，埋汰车把式呢！"

我说："也谈不上埋汰，只说明他没坐过火车，很正常。"我略微想了想，还是说了："我有话在前先，绝不是笑话老农，是实话实说。刚走的这个齐艳，她话很少，但也露怯了。我领她去小白楼买菜，她看到成把的香蕉便问我，"这茄子长得真有意思，怎么都长到一块儿去了呢？"没有笑话她的意思，只说明她没吃过香蕉。我又讲了一个屋里吃，屋里拉的故事。那时，大部分人家都使用院子里的公共厕所，唯独铁西区，大部分干部都住在日本的“蒙古包”或楼房里，每家都有水冲式的厕所。齐艳要大便，我便领她去厕所，并告诉她便后只要一拉绳，大便就会被水冲走。齐艳便后到屋里，一脸诡异地笑容，我问她笑啥？她说，村里的大红鼻子进趟城回来逢人便讲，城里人屋里吃、屋里拉。大家都说他没正经的，净胡说八道，说那还能住人吗？不臭死了。齐艳说：这个大红鼻子只说屋里吃、屋里拉，就没说拉出的屁屁都被水冲走了。说完，齐艳嘿嘿了两声，难得笑出了声。

小芳接过来说：“笑话他们也无妨，我们刚下乡时，他们也没少笑话我们啊！”

也许是一还一报的心态使大家接着又讲了不少农民进城老土的笑话。

高琦一天出乎意料地领着老万到我家来，老万和高琦是同班同学又是邻居，因为老万的爸爸也是画报社的编辑。我到下河泡和朋友聚会时见过他，知道他很有水平。他中等个头，眼睛不大，但眼神很有穿透力，好像一眼就能把你看透。他说起话来更是厉害，像匕首一般。据说他爷爷是北大毕业生，当年参加过五四运动。高琦说：“老万听说咱这每天都挺热闹，也要跟着来热闹热闹。”其实大家都看得出来，老万是因为喜欢高琦才来的。老万不愧是老万，我们背后常叫他“万事通”。他看的书多，鲁迅的书他差不多都看了。老万到了以后，我自然要设法让他谈看法，于是说：

“现在革命激情褪去，连王革都看明白了说：‘我就够没文化的了，社员比我还没文化，怎么倒让我们去接受他们的再教育呢？’”

老万说：“这怎么叫看明白了呢？这纯粹是没看明白啊！接受贫下中农再教育那就是个幌子，是唬人的，其实是让我们下乡，用文人的话说是‘飞鸟尽，走狗烹！’。用农民的话是‘卸磨杀驴’。这个旧世界谁能砸得烂？！只有我们啊，无知者无畏啊！后面还有红司令不停地接见，不断地有社论为我们喊‘好得很’，可砸完了呢？！”老万一摊手，意思是，不用我说了吧！

我又问我关心的问题：“你看我们就真的要在农村呆一辈子么？”

老万说：“如果光是我们这六届，我们有可能回不去了，关键是现在工厂的工人都没活干，政府的干部也都成天坐在办公室学毛选，文艺团体人员也闲着。就八个样板戏可以演。就算全国都上演这八个样板戏，能用多少个演员啊？所以在我们后面陆续毕业的，也没处安排，也得下乡。你是知道的，你想进下河泡，人家都不要你，就说明农村也安排不进了。如果后几届继续下乡，回城的可能性是有的，有进就得有出啊！否则农民也吃不上饭了。”

提到样板戏，我又想到了尔娟，尔娟这次回城，又拜了个新的老师，原来的老师已教不了她了。尔娟天天卖命的拉，左腮下都磨出了茧子了。我问老万：“尔娟能考进乐团么？”

老万忙说："咱不研究她考进考不进，你不觉得尔娟活得特别用力么？这说明她心气很高，不甘于平庸，一门心思想突围出去。"

我转身对小芳说："咱们还能在家呆上小一个月，你让你爸给我们讲讲英语语法呗！"

小芳说："你上次跟我说，我就跟我爸说了，他说：'千万别学！明哲保身，保身最重要。别再和英语沾边了。'"我马上想到他爸爸因为留美而被怀疑是敌特分子的事，好在调查结果终于确定她爸爸不是美帝派回的特务，只是一位爱国的技术人士。

我无可奈何，很发愁地问："学点啥好呢？看尔娟我都眼馋，人家好歹没虚度光阴啊。咱可好？！把时间全浪费了！"我冲着老万问："你学啥呢？"

还没等老万回答，高琦就望着老万替他回答说："他啊，忙着呢！成天练写呢，没准今晚回去就开始写你了，天天写作。"老万赶紧接过去说："没，没，别听她瞎说。"

梅怡把话题一转问道："老万，我问你个事儿，我一直没敢说，但却是我亲身经历的。我不是脚崴了么？队长就让我和一位老雇农一起切豆饼。他是雇农，我问他：'解放前，你都咋过的啊？苦死了吧！'你猜他怎么说？他说：'不苦！比现在过得好，别看我们雇农，我们吃得比地主好，地主舍不得吃，舍不得穿，有点儿钱就想买地，为了让咱们给他好好种地，他天天把饭给咱们送到地头，隔三差五不是豆腐就是小鱼小虾，有时候还有点儿肉，地主自己都不舍得吃。’他满不在乎地这样说，可把我吓死了。我立刻反驳他说，这是地主骗你的。他说，不是骗，是真的。他还说，我爸爸给他爸爸打长工，我给他家打短工，我要是想成地主也能成，但是我爱耍钱，有点儿钱就跑去耍。有时候还去嫖，就啥钱也没了。’”讲完，梅怡就盯着老万，似乎在问老万，你信么？

老万说：“这个事儿我不能回答，我只讲个希特勒的故事。希特勒是个大坏蛋，对吧！但你知道当年全德国人都愿意为他抛头颅，洒热血，为什么，知道么？就是希特勒知道敌人的重要性，他把犹太人当敌人用，也就是必须用这个‘假想敌’来团结人民一起奋斗……”这番话一说出来，我们彻底服了。老万，你咋懂得这么多呢？看起来，看书和不看书真不一样。不学英语了，赶紧找书看吧！我侧头看高琦，崇拜两个字已写在她脸上了。

正当我们陷入沉思时，尔娟到了。尔娟一进门就看见了老万：“唉，今天这屋子怎么多了个贾宝玉？”说这话时，尔娟意味深长地一直盯着高琦看 ，高琦立刻解释说：“他是来凑热闹的。”

大家七嘴八舌地声讨尔娟：“难得，你还想着来接见我们！” “拉琴拉累了吧？”尔娟笑尔不答，高琦说：“来个汇报演出吧，让咱们看看这个老师教的水平。”尔娟立刻起身，只说了一句：“我回去取琴去。”

真希望天气永远冷下去，这样我就可以不回那百般无聊、虚度光阴的农村了，我十分享受和朋友们在一起的这种时光。

30. 掘祖坟

不论我多么希望严冬别走，它还是走了，春天，不管我多么不喜欢它，它还是来了。

开春第一份农活就是平整土地。因为年底分红，我们知青确实抢了农民的工分，连我这个割稻子只能报两垄的半拉子在年底也分了32元钱。我们知青挣到了多少钱，农民就少分了多少钱。也许是为了平衡农民的怨气，公社提出了向边边角角要效益，就是开垦荒地的意思。

据说，又是杨占勇提出的建议，变坟地为田地。农民早就耳闻红卫兵的厉害，加上杨占勇因斗地主而名声大振，所以没有一个人敢反对他。

我对这些一概不知，仍旧每天随着大流出工收工。这天，在平整土地时，我发觉社员们都站着聊天，不下锹挖土。我刚要下锹挖土时，被齐艳叫了过去，问我一些无关紧要的小问题。听她没说什么正事，我不敢聊的时间太长，正待回身去平整土地时，突然有人将一大块骨头扔出来。我看见后，吓得简直魂飞魄散，赶紧跳到那群妇女中去。齐艳对着我的耳朵小声说："你别过去，挖人家祖坟呢！"我吓坏了，只傻傻地听着，不敢多问一句话。

回到家，就听齐艳和大娘（齐艳妈）在一起嘀咕，只听大娘说："应该是村头二宝他家的坟地。"大娘问齐艳："你没挖吧？"

齐艳说："就他们知识青年挖，社员都躲一边了，组长看着也不管。过去我们要站着唠一会儿嗑，他能骂死我们，这回，临尾都找不到他，不知他猫哪儿去了。"

大娘说："太好了，咱可不能作孽啊！"

"作孽？"我不理解。

大娘对我说："刨人家祖坟还了得啊！那得多大的深仇大恨啊？祖坟好就会保佑家里世世代代好。过去，谁家要是有人升官发财，都说'他家祖坟冒青烟了'。选一块好坟地可是个大事，一般都得请风水先生给选。"大娘担心地追问我："你没挖吧？"

齐艳斜瞄着我，嘴角挂着那种她独有的带讽刺意味的笑，替我回答了："她刚要挖，我给她叫过来了。"

大娘说："太好了！没挖就好，要不然会招报应的。"

31. 青年点

自从搬进青年点后，我才知道我们南廊大队一共分来了100多名知识青年，由我们四中的高三几名学生和民办的初中生组成。所谓民办学生是那些任何中学都考不上的非国家正式学校的学生。

青年点就盖在村头，是一层简易的平房，男青年点和女青年点都在这一排平房里，只不过中间由厨房隔开。所谓厨房就是一个奇大的灶上有个奇大的用来贴大饼子的铁锅，加上堆在东犄角的柴火，还有一个水缸。我们女青年点位于东侧，又分成东西两屋。一小队、二小队的知青住在西屋，这个屋东西两面墙壁都是暖山墙。我们三小队和四小队的知青住在东屋，也就是炕稍的东墙，是冷山墙。

大家都明白，东屋北炕的炕稍是最冷的位置，尤其是东北进入十月底就开始飘雪，不是好熬的，我后来右侧身子患风湿就证明了这一点。这些民办学校的学生一进青年点，就开始抢占南炕，尤其是南炕炕头的位置。看着她们为抢位置而争吵，我立刻有一种鹤立鸡群的感觉。我一声不响，悄悄地把铺盖放到北炕的炕稍位置上，我知道这挨着冷山墙的位置是绝对没人要的。然后我就去下河泡，想向高琦、小芳了解一下她们同班同学曲岩的情况。我们小队只有三个高中生，一男两女，除我之外的那个女生叫曲岩。她长相不错，虽然皮肤粗糙些，但五官还可以，有个尖尖的下巴。一个男生就是楊占勇，现己拜倒在曲岩的石榴裙下。每次出工干活时，他都快快地干，然后就去帮曲岩干，农民管这叫“接地头”。楊占勇给曲岩“接地头”，明摆着是在追求曲岩。过去我和她们没有什么往来，甚至很少说话。现在同住在一个屋里，而且我发现青年点的人没人理我，但大家却都很维护曲岩，有人甚至主动把北炕炕头的位置让给曲岩。虽然北坑没有南炕好，但她居北炕头而我居北坑尾，可见差距之大。最主要的是：一个人居然能让这些只懂蝇头小利的民办学生把便宜让出去，她是何等人物？

我刚问：“曲岩这人咋样？”话音还未落地，高琦、小芳几乎异口同声回答：“王熙凤！”啊？我感到浑身汗毛都竖起来了。好不容易托公社妇女主任走的后门，我怎么就进到这第三小队了呢？一群无法交谈的民办初一学生，加上两个高中生，一个是学校的造反派头子，另一个是王熙凤式的人物，这挑战对我来说是否有点儿太大了点？

我愁绪满腔地回到青年点。还好，青年点西屋还有个陈秀云，是她找到公社妇女主任帮我进南廊大队的。现在大家住在一起，我应该过去打个招呼。我只和她聊了一会儿，陈秀云就拿话点我："你那屋不光都是初中小傻子，有心眼多的人，注意点！"我明白她指的是曲岩。从下河泡往回走的路上我已决定不跟曲岩多说话，敬而远之。所以我很轻松地告诉陈秀云："没事儿，她住炕头，我住炕稍，不挨着，离着远着呐！"陈秀云苦笑了一下，欲言又止。

一天，收工回来，我拿了分到的几个玉米面大饼子，准备抹点儿妈妈为我带来的用肉馅炸的大酱，可怎么也找不到了。无奈之下，我只好又回到了灶房，一看缸里没有水，揭开锅盖，锅里没一滴水。给我们做饭的是大队长的老婆，人凶得很，常骂我们知青懒，不挑水、不捡柴。这挑水、捡柴的活本来应该是她做饭人的职责，可她仗着是大队长的老婆就是不干这些活。我们知青每天出工已累得不行了。再说这东北大平原，一马平川没有山，也就没有树，只有夏天变成河泡子的那片洼地旁边还有一片稀稀拉拉的小树林。那点残枝败叶，社员早给捡跑了，唯一可烧的只能是稻草，但稻草一见火，呼一下就烧没了，所以我们吃的大饼子多半就八成熟。找不到水，我就用石头把大咸盐粒子砸成小咸盐粒子，用八成熟的大饼蘸着小盐粒子吃，总算驱走了饥饿感。正当我吃第三个大饼子时，曲岩进了灶房。我不想跟她说话，赶紧把眼神移开，继续吃我的大饼子。曲岩把几封信递给我说："我发现你的朋友真多，青年点没谁有信，有信也是家里来的信，只有你尽是同学的信。"她看我专注地吃着大饼子，继续说："我看你和咱班的高琦、小芳还有实验班的那个尔娟处得像姐妹似的。其实以前我和高琦、小芳也是好朋友，但她们俩确实不该无组织无纪律地跑去北京，我只是在会上说了她俩几句，她俩就不理我了。我也是根据上面的指示发言的，让我发言我也不能不发啊！"

我抬头瞅了她一眼，想确定一下她是否真的无辜。她瞅着我的眼睛说："东屋里就咱俩是高中生，和这帮民办小初中生在一起，能谈个啥？整天就想方设法合计如何占个小便宜，偷鸡摸狗的！"我的眼神不知是否出卖了我，但我的嘴确实张开了，幸好它很快又合上了，我差一点就喊道："我的大酱可能就是她们偷走的！"我妈的叮咛在这时起了作用。否则让她传出去，一定会犯众怒。

她接着说："我看你这个人不错，认识你的人都说你好，我很想和你交个朋友。我五六岁时父母都去世了，我是三个姐姐带大的，……"她说话已经带哭腔了，我眼神也变得柔软了。"你知道姐姐家就是姐夫家，姐姐待你再好也是寄人篱下，也要看人家的眼神行事。"我感到自己的同情心要泛滥了。我刚要脱下盔甲，突然想到她和杨占勇的关系不一般。齐艳就碰到过一次，说她和杨占勇在小树林里拉拉扯扯的，很亲蜜的样子。不行，她是王熙凤，她根本不可能是我的朋友，我拿起了最后一个大饼子说："这个大饼子，我留着明天早晨吃。”我边说边往外走。曲岩赶紧在我身后说：“我那里有大酱，你早晨吃时到我那抹点大酱。”我稍作回头状说：“不用，我带到田头吃。”

梅怡因她妈妈要“走五七道路”，这一段时间常回沈阳。妈妈托梅怡又给我带来了一瓶大酱。我知道它一定又得被偷走，于是计从心来，想道：“与其被偷，不如给大家分了。”反正我已经习惯大饼子蘸咸盐粒子了，吃不吃大酱都行。

我无论如何也想不到，就这瓶大酱会为我扭转局面，只是一瓶大酱啊！以前上工下工我都自己一个人孤单地在后面走着，这回住在南炕的一个民办学生却站在土路的边上等着我。她见到我，立刻用她的左臂挽起我的右臂，并开始赞叹我：“我真佩服你，你居然敢潜逃。”我以为她指的是我逃火车票一事，刚要咧嘴笑，突然一想，似乎不对，便问道：“潜逃，什么潜逃？”

“把你打成反动学生，你居然敢潜逃啊！”

我的气一下子衝到脑门，一拧眉毛，刚要喊出：“谁给我造的谣啊？”妈妈对我说的那句“语要迟”救了我，我憋住了，只淡淡地反问一句：“你信么？”

下面那句话证明她真的只是初一民办学生：“是曲岩告诉我们的啊！”

我没有直接问她是谁说的，就是怕她得罪说话的那个人。她倒好，不用我问，直接就告诉我了。高琦、小芳说得太对了，曲岩真是个王熙凤。每次我走到炕稍，都要经过她的炕头，而每次她都为我预备好一个讨好的微笑。没想到她当面陪笑脸，背后竟如此地编排我。

又一天，另一个住在南炕的民办学生见曲岩没在屋里，便直接走到我炕稍处告诉我："别说我说的，曲岩说你家各国特务都有，而且说你很反动，净接触右派、坏分子，说你老去下河泡，那里你的朋友都是反动分子的孩子……"

说完，她再一次四处瞅了瞅，确定没人看见，就走开了。我最先的感觉是替曲岩觉得不值，她每天讨好这些孩子，假意嘘寒问暖，可我只分给她们一点儿大酱，她们就把她给出卖了。其次，我不解，我跟曲岩从来没打过交道，甚至除了偶尔打个招呼以外，都没说过话。她为什么要这样给我划类、定性、戴帽子，是习惯使然，是风气使然，还是以此来显得自己"革命"？最后，我开始琢磨该如何对付她的战略战术了。我回忆她在厨房说的话及那满脸堆着讨好的笑容，我断定她的心力没我强大，我决定不出手，依旧故我，我断定她会自毁长城，她只要不改变自己，她会越走越没路。

我照旧只要有空，只要还有力气，就往下河泡跑。尔娟的小提琴拉得愈来愈棒了，她常常忘情地拉着，居然不知道我已坐在她的炕上。我常常不理解，下乡以前，我几乎是她的精神支柱，怎么这一下乡，她倒成了我的精神支柱了？她原来那忧心忡忡的样子到哪去了？高琦、小芳、梅怡，我们都不敢想未来，因为未来的景象就是身边的这些大嫂大婶。她们还不如我们现在，她们有家、有孩子，不光下地干活，回家后还要喂猪、喂鸡，每天大着嗓门跟丈夫吵、跟孩子叫。她们唯一的乐趣就是冬天，全队的男女老少都聚在队部的两张长长的南北坑上，一边刨着苞米，一边说黄色笑话。新媳妇羞红着脸，低头暗笑，波辣的老媳妇会肆意地大笑，并用我们听不懂的话回击回去，引来更大的哄笑。农村的苦我受不了，农村的这种乐，我同样也受不了。成为这种人，我们都恨不得去死，可是尔娟怎么就不焦虑，反倒过得特别踏实了呢。

我问尔娟："我们不太痛苦时，你显得很痛苦，现在我们很痛苦，我看你反而倒不痛苦了呢？"尔娟抿着嘴，笑笑地瞅着我，良久她说了一句："因为我从来没觉得这样平等过。"我突然明白了，过去她的痛苦，不是因为日子苦，是因为她被不公平地对待。而今，是啊，不管当年多么嚣张跋扈的红五类子弟，也不管当年多么的不堪的黑五类子弟，今天都是同一个命运，全部下乡，毫无差别。她继续说："你知道我是百分百考不进大学的。可是，面对比你学习差得多的同学走进大学校门，而我却面临失业，那种刺激谁受得了？！现在好了，大家都上不了大学了，我和大家同一个命运，我还有什么不知足的呢？"

尔娟不像我心直口快，说一两句总要停一停。尔娟停顿后继续说："今天这样，是我过去无论如何也想象不到的最好的结局。”我惊讶得下巴快掉下来了，她看着我张着大嘴，瞪着大眼，居然咯咯地笑起来。看她那笑容，我明白为什么现在反倒是我常常要来找她，因为只有在这儿，我才能看到一点儿亮色，我的忧郁也能消失一些。而和其他的人在一起聊，只有哭泣叹气，徒增忧伤。

她笑够了，开口说：“培敏，你想，我要是留在城里无非就当个小学徒工，从早干到晚，还要参加各种政治学习，还要争取入团入党，而且又肯定入不上。说不上哪次运动来了，还会再把我当靶子打也未必。所以以前我充满了恐惧。现在不同了，农活是累点儿，生活是苦些，但是精神不苦。你看农民们不想当官，没有人琢磨入团入党的事，也没人关心你是黑五类还是红五类。再说农村还有农闲，一年差不多有半年闲，农闲时我就可以做自己喜欢做的事了。去剧院看演出啊！整天拉琴看书啊！。如果当工人，一年四季地干，哪有时间练琴啊！你知道我酷爱艺术，只要有琴拉，就不觉得苦。”唉！我们的精神都苦闷死了，她倒来个精神不苦，不管怎样，是阿Q精神也罢，是乐观精神也好，总之比我们成天唉声叹气强。

32. 上逆天时，下悖民意

按照公社“三个不过一”的要求，即四月一号必须开始育苗；六月一号必须开始插秧；十月一号必须开镰割稻。这三个不过一，定得很死，不得违抗，而且又一次提到政治高度。可是对于今年来说却显得十分不合时宜。今年的气候比往年冷，四月一日地上还有冰，最开始洒在育苗床上的种子好多都冻死了，最后发现不出苗，只得返工再种一次。

六月一日准时开始插秧。一大早我们手拿着稻秧，光着腿迈入稻田的水里后，几乎所有的人都马上张牙舞爪连喊带叫地蹦出来。冰寒彻骨，根本无法忍受。两条腿立刻全部红胀起来，直到麻木。很多女知青因此不再来例假，我也一样。我们却毫不在意，都觉得不来例假太好了，省去很多麻烦。直到回家妈妈得知后，方才引起注意，为此还吃了不少的中药。

十一到了，更令人发愁。稻子没有象领导预想的那样——稻穗低垂金光灿灿，而是小脖子仍绿绿地仰着，一付不听上级指示的样子。生产队长头一天把小队的地都看了一遍，觉得稻子正是上浆的时候，一天就能上一个成色。可是明天就是十一了，这稻子是割还是不割呢？不等上浆完毕早一天割，损失太大。他抬头望天，天空一片澄蓝，白云懒洋洋地睡着，一动不动。虽然今年入春晚，但一整年都风调雨顺，不涝不旱，是难得的好年景。生产队长低下头想了想，领导指示非常明确，前天还开过会，强调十一必须开镰，怎么也不能抗旨不遵吧？！可是这难得的好年景……他思忖着，只要再晚个几天，不，哪怕再晚个五、六天，南头那块地就基本熟透了，待南头地割完了，其它地的稻子也差不多都陆续灌完浆了，收成提高个二三成肯定没问题。可明天开镰……他晃晃脑袋，取出烟袋，从里面抓了些烟絲，用纸卷上，然后用火柴点燃，狠狠地吸了一口。割——，真捨不得。不割——，上级的命令。小胳膊扭不过大腿，难啊！他狠狠地又吸了一口烟，然后把烟扔到地上，使劲地踩上好几脚，再用鞋尖在地上碾了又碾，似乎发泄了一些烦恼。

第二天早上三点半，咚咚咚，生产队长敲窗玻璃声，惊醒了我。我立刻头不梳脸不洗，拿把镰刀就往外走。所有知青都和我一样迷迷瞪瞪、半睡半醒地跟着社员们向稻田走去。我心里恨死那些积极分子提出的口号，“早上三点半，晚上看不见！”自古至今，农民种地，从来也没像知青来以后这样子，三点半必须往地里走，天不黑不许收工。这年头什么事都要表示出革命加拼命的样子。报纸上整版整版地介绍什么铁故娘、王铁人的英雄事迹，我真希望我和他们一样有铁打的身体，可是人的身体是肉做的，我少吃点就饿，少睡点就浑身没劲。

胡思乱想地到了地里，天终于蒙蒙亮了。大家纷纷在地头坐下，一是歇息，二是听生产队长布置任务。只见生产队长的叔叔指着生产队长的鼻子，大声嚷道："你这是咋搞的啊？咋愈干愈回陷（东北话里还不如以前的意思）了呐？这稻子顶多够个八成熟，怎么就要开镰啦？"

"不是我回陷，是上级有指示，十一必须开镰！我昨天看了一天了，就这块地是成色最好的了。"生产队长的两道眉毛恨不得拧在一起，一副委屈的样子，口气酸酸地说着。

"听他们的干啥？咱们农民是靠天吃饭的，打不出粮来，他们给补么？还不是我们自己担着！"大家的表情及眼神都透露着对这话的赞许。

看得出，生产队长希望有个人出来说这句话。对过了眼神，生产队长的叔叔更是心知肚明。他回头朝大伙儿一挥手，大胆地往下说："要我说，大家坐一会就回家，等过几天稻子熟透了再来割。我就不信他公社领导还下来检查不成。"

生产队长听后站起身来，一边用眼睛在找人，一边嘟哝着："咋能说公社不知道呢？我们这不是还有大队政治指导员嘛！”

他看到了杨占勇就问：“杨占勇，你表个态，这稻子是割还是不割？”

此时所有人的目光全集中到杨占勇身上，只见杨毫不犹疑地说道：“上级指示雷打不动！”杨的口气斩钉截铁。

“什么叫雷打不动，你说明白点。”

“就是坚决执行公社‘三个不过一’的指示，雷打不动！”

生产队长压着火说：“听不懂，你就说是割还是不割？”

杨占勇仍旧坚持：“割啊！”

生产队长转身对他叔也是对大家说：“叔，这回你明白是不是我回陷吧？！”然后，很有情绪地冲着大家喊了一句：“开割！”

33. 强龙压不住地头蛇

我真替杨占勇捏把汗，这真是上逆天时，下悖民心啊！他太敢犯众怒了。难道他就不知道强龙压不住地头蛇吗？果不然，到年底交完公粮，社员们开始分配了。一算帐一个工分才合上六角三分钱，去年一个工分还能合一元两角七分呢。何况去年比前年，即知青未来以前的那年，每个工分已少分三角多钱了，今年的收入比前年竟跌去了六成之多。

又是刨坟开荒，又是“早晨三点半，晚上看不见”地干，累了一年却得到这样一个结果，农民当然怨气冲天了。大家一致认为收成不好，是因为不等稻子成熟就收割，话里话外都在骂杨占勇。

赶巧，农闲时节，公社要求各队选毛著积极分子去公社讲用。我例来认为这种事与我无关，可是唱票的结果，我却获得了最高票。我情不自禁地向楊占勇看去，只见他满脸的尴尬，表情极不自然。是啊，选票的结果太出乎意料了，本来应该是他啊！尔娟说得对，农民不关心知青的出身，他们有他们自己看人的标准。

我在公社的讲用得到了好评。我实实在在地讲了我如何过的劳动关，从一开始割稻子只报了两垄，还被甩在大伙儿后面。后来如何举砖头练臂力，到第二年竟然打了头趟子。我又讲了很多活思想，如何不甘心在农村生活等等，把在场的听众逗乐了好几回。当然，我也根据上级领导的要求，做到了“拔高”，也就是把一切进步都归功于学习毛主席著作的结果。

没出三个月又到了改选大队政治指导员的时候了，我又一次最高票当选，杨占勇只得到三票，对他而言这简直就是滑铁卢之战，输得一塌糊涂。不过我明白，我是借了杨占勇的光。大家是用我来挤兑他，以出胸中的恶气。

我知道，杨占勇眼见我得到了大队政治指导员的位置，一个被他认为是黑五类子弟的人，他是不会善罢甘休的。果然他到公社去把我家的政治问题及我本该被打成反动学生的事全抖落出来。不过可能由于那次毛著讲用大会上我赢得了上下一致的好评，公社并没有因为杨的反映而改变选举结果。可能是公社考虑到杨已没有群众基础，无法开展工作，把他调到公社的中学去当了老师。据说中学很不欢迎杨到他们那里去。而队里的农民却为此十分高兴。他们说如果杨占勇再不走，队里的小伙子连媳妇都娶不上了。过去一个工分可得一块五六角，远近的姑娘都愿意嫁过来，现在一个工分只有六角多钱，哪个姑娘愿意跟你受穷啊！

34. 越不过去的高墙

我有些春风得意，想与尔娟分享一下。不料刚走进大娘的院子就听到了二胡的声音。是阿炳的“二泉映月”，好悲切啊！唉？尔娟怎么不练小提琴，拉上二胡啦？我赶紧向屋内走去，屋里没有别人，只有尔娟一人在家。大娘出外捡柴禾去了，虽然知青都搬进青年点住了，但大娘就是不让尔娟搬走。加上尔娟嫌住青年点不方便练琴，就索性一直住在大娘家里了。当我走到尔娟身边一看，尔娟满脸的泪水。不用说，一定是对象的事出了问题！

尔娟见我坐到她对面，便把二胡放到炕上，瞅我一眼，一声没吭。我想当然地说：“部队政审不合格？”

她摇摇头：“还没到那一步。”

“那咋了？”

“他妈妈坚决不同意！”

我突然气愤起来，“这件事我始终不明白，你是高攀了还是低就了？是，没错，他是红五类，你是黑五类，在这点上你是高攀了。可是他自个儿连初中都没考上，全靠他爸走后门进的部队。现在军人红了，他也狗尿苔放到金銮殿上，是个人物了。他写信错别字连篇，每封信就那几句话，你跟他能有什么共同语言？现在他妈不同意，我觉得太好了，正好借坡下驴！”

尔娟满脸愁容地说：“就这样的，人家还不要我呢。原以为作个军人家属，能改善一下政治地位，以后有可能进个乐团啥的，现在一切都凉了。”

“尔娟，你醒醒吧！你酷爱艺术，我理解！但这是婚姻，你也看过《简爱》，婚姻是需要平等的！是需要真感情的！反正我受不了仰人鼻息！一想到会被你那个根红苗正的婆婆瞧不起，我就受不了。”

“那照你的意思，就是要我找个黑五类的，生个孩子还跟我一样的命运呗！”尔娟带着气说。

“尔娟，说实话，你爱他么？”

“培敏，我有爱的权利么？”尔娟泪眼婆娑地望着我，恨恨地说，嫌我不理解她。“培敏，你是知道的，我8岁就没了父亲，之后我又遭到歧视，一出一出你也都清楚，是我做得不好么？是我不够努力么？不就是我妈没找个出身好的对象么。看我姨找个军人，我那表妹又入团又当红卫兵，还受到毛主席接见。说起话来，腰杆子硬硬的。哪象我这样整天像被专政对象受尽窝囊气。”我眼前立刻浮现出尔娟被命令吃掉洒在地上大米饭的情景，我理解她了。尔娟抬头望望房梁，叹口气说：“本想我是个女孩，可以通过婚姻改变命运，为的是我的孩子不要再象我这样，即使做些牺牲我也认了！可是——，”她声音有些哽咽。

“可是你想牺牲，人家不接受啊！”

尔娟两眼继续望着房顶，没搭理我。我们默默地坐了很久，最后我直说我的观点：“婚姻的事也别太委屈自己，做家里的二等公民可能更苦，我劝你回封信告诉他：说你尊重他妈妈的意见，以后只做个普通的朋友就行了。”

尔娟点点头说：“也只能如此了。”她重重地叹了口气，然后说道：“我终于知道自己的身价了，我不会再找对象了，这辈子有琴拉就行了！”说着眼泪又涌出眼眶。

一个多星期后，尔娟到我青年点来找我。“说到曹操，曹操就到，”我一边说着一边从枕头下面取出刚收到的于非的信，我拉着尔娟走出青年点，边走边说：“好消息！我们知青真的有可能回城了！”

尔娟听我说后一点反应都没有，我知道最近这种消息太多了，没人信了。我说：“这回可能是真的。你知道么？于非的妈妈爸爸现在都解放了，而且官复原职，级别没变，但是工作变了，于非的妈妈就负责咱们知青工作。”我们边走边说，在离青年点不远的村头的一个小土坡上坐下，我把于非写给我的透露我们可能很快要抽调回城的信递给尔娟。太阳正在西沉，天色开始转暗。尔娟拿过信，大致瞭了两眼，说了一句："只要分三六九等，我就是那最低等的，谁走我也走不了。"

我劝尔娟别再光拉琴了，多和老农以及知青们走动走动，毕竟农村讲究投票，票数很重要。尔娟不想再听我说下去，岔开话题说："我和李爱党（那位军人）的关系彻底结束了，我理解他，他妈说得对，他唯一的政治资本就是根红苗正，找了我，他也就没任何资本了。"我连说："好事、好事，一定有个好的人在等着你。不是说你大难不死必有后福么！别着急！"尔娟勉强露出一丝尴尬的笑容说："谁着急了？！是他在商店里见到我，就开始粘粘糊糊追上了，现在又来这一出。"尔娟满脸的委屈。是啊，面对如此公然的歧视，谁的自尊心能不受到打击呢。何况尔娟又特别想进入红五类的队伍，为进入这个队伍，她已决定作出牺牲，现在她发现她面对的仍然是一堵越不过去的高墙。希望又一次变成绝望。尔娟脸上出现的那种绝望的痛苦表情比哭更让人揪心。隔了很久，尔娟失神的眼睛望着前方，自言自语地说到："他妈连我人都没见过，一听我资本家出身就死活不干，还说如果要跟我处对象，他妈就死给他看。我都成牛鬼蛇神了。表面上说得好听：什么'出身不由已，道路可选择，重在政治表现'，可是做起来就完全不是那回事了。我崇敬毛主席，听党的话，听老师的话，我遵守一切规章制度，你们笑话我是个小绵羊，可是我还是被当作坏人看。我就不明白，我要怎样做，才能受到平等待遇呢？！可能考乐团也只是个白日梦！”我觉得尔娟终于看明白了，刚要脱口说：“对！那就是白日梦。”我突然意识到这是雪上加霜！便立即把话吞了回去。尔娟继续自言自语：“唉！活着真苦，真想破罐子破摔！真羡慕那些民办学校的孩子！没有任何追求，成天傻乐。”“是啊，有句老话说：“心比天高，命比纸薄，咱也别追求的太高了！”“就是想到乐队拉个琴，这追求还高么？”尔娟愤愤地说。

我看到青年点的亮灯了，为了防止尔娟愈追问愈痛苦，我转移了话题，问尔娟道：“你们下河泡也通上电了吧？”尔娟点头承认：“我不喜欢通电！”什么意思？怎么又开始胡言乱语了？我不理解地看着尔娟，电线通到农村，晚上可以有电灯照明，我们都高兴死了。她怎么还不喜欢？尔娟蔫蔫地，似乎浑身上下没点气力，懒洋洋地说：“有电了，农民就会去买无线电匣子收听广播。现在农民喜欢你就是喜欢你，我跟大娘说我爸爸被打成了右派，她还是照旧喜欢我。可有了无线电匣子以后，大家的想法就会跟报纸的社论说的一样了，再看我就是地富反坏右的子女了，就会恨我、烦我、歧视我了。”我眼睛直直地看着尔娟，说得对啊！还用说大娘么，就连我们看过几本书的人，脑袋都是跟着社论转的，今天批判这个，我们就跟着仇视这个；明天赞扬那个，那个即成了我们心中的英雄！

35. 科学种田

公社领导又来指示了，要求我们科学种田，各大队必须成立科学试验小组。我又一次被选上，担任科学实验小组组长。真是时运来了，好事挡都挡不住。到现在为止，我仍然五谷不分，24节气不知道几个，居然要领导科学种田。想想自己都暗笑。我把这事归功于与我为伍的这伙人身上，当初我自认倒霉，两个高中生极左，剩下的胸无点墨。没想到，成也萧何，败也萧何，杨占勇被社员排斥又秧及到她的女朋友曲岩。一时间倒应了阮籍评论刘邦的一句话："世无英雄，遂使竖子成名。"

大队为此腾出间房子作实验室。我刚拿干农活不当回事了，现在却不需要我干农活了，脱产搞科学实验。身子是闲了，但脑子可累了，左思右想也想不出科学种田的点子。请示大队长，大队长一脸地严肃地扔下一句话就走了，"傻子过年看街比儿（跟着街坊邻居做）！”

我明白了，大队长并不指望我真找到什么科学种田的方法，只是和别的大队拉齐，不落后，对上级有个交待就行。这就好办了。几经打听，都说北廊大队科学种田的实验搞得好，我知道哪个大队都有我校的同学，找他们，向他们学习就是了。

到了北廊，在校友的带领下，我到他们队所谓的实验室里，发现地上、窗台放摆着很多的瓶子，里面养的都像是小球藻。因为我在初中时，学校让我们养过，所以我认识。我问道：“这是小球藻吧？”

对方马上皱起了眉头，好像嫌我在瞎说，“不是，是绿藻！”

“和小球藻有什么不一样？”我不死心地接着问。

“那区别可大了！”但是话说到这里，他欲言又止，一种嘲讽的笑意涌上他的脸，似乎在说你怎么这么笨呢！非得我直说吗？“说它是小球藻，大家都知道，说它是绿藻，就没人懂了。”

我眼睛盯着他，小心地问道：“其实是一样的，对吧？”

对方看了我一眼，摇着头笑了，并无可奈何地说：“我都说到这份上了，你还让我怎么说？”

我忙说；“不用、不用。可是我记得，小球藻是困难时期养它让人吃的，这跟科学种田有什么关系？”

“能给人营养，放到水田里不就给大地营养了么！地有营养了，不就高产了么！”

回去后，我给大队长如实汇报，大队长不是很感兴趣，只问了一句：需要多少钱？我说：不需要钱，只需要一些不用的瓶瓶罐罐。大队长说那你就干吧！我知道其实大家都在对付上级领导呢。我也只能如法泡制。

一个夏日的午后，我正在洗刷从老农家要来的瓶瓶罐罐时，曲岩进来了。她这样精明的人，无事不登三宝殿，今天来是干什么？我直楞楞看着她，她显得有些难为情，一边从裤兜里往外掏糖，一边说着：“我和楊占勇结婚了，这是给你的喜糖。”

我差点就要脱口而出：你傻啊？这马上就要回城了，你们结婚了还能回得了城吗？不过我随即转念一想，他们俩革命口号喊得震天响，一有机会就表态：响应毛主席的号召，扎根农村干一辈子革命。我要这样对她说，她肯定会把我说的话给公社党委汇报上去，我可不作她向上爬的垫脚石。我问她：“有新房吗？”

“哪里有新房？不过校领导同意我们晚上可以住在办公室里。”

“多亏杨占勇调到学校去，否则你俩连个住的地方都没有。”

“这哪是调走的啊，是被人家挤走的，咱家占勇没有心眼，净被人家当枪使，现在落得这个下场。你说，咱们知青上哪知道这农村都是亲套亲的，斗争地主把生产队长给得罪了，谁知道生产队长一个好好的贫下中农，干嘛非娶个地主的女儿啊？！真是阶级斗争的怪现象，一个地主的女婿居然在队里还有这么大的势力。干不过他们啊，没办法只能走人！唉呀！你看你多好，……”

她刚要继续往下说，我忙打断她；“你们怎么这么着急结婚呀？”

她稍加思索后说：“我告诉你，我知道你不会跟别人说的。我怀孕了，不结婚不行了。我已经听说我们知青可能要回城，但是没办法啊！”

我早就听到队里的社员说曲岩怀孕了，并且说了很多她们看到的怀孕现象，但我不相信，以为这是因为她们恨杨占勇才胡说八道的呢。

36. 领头羊

真是稀客，老万去公社办事，路过南廊，居然到我这个实验室来了。我真是当不了骗子，一听到他喊着我的名字走进实验室，我就开始慌张起来，害怕他问这问那的。果不其然，老万用手指着瓶子刚要问我，我就赶忙设法堵住他的嘴：

“千万别问我做的是什么实验，我就是照猫画虎，照抄照搬。千万别问，一问我就露馅了。咱聊点别的！”老万笑了：

“咋把你紧张成这样？！”

“不是我紧张，是真的心虚啊。装模作样地搞科学试验，一天啥活不干，干拿工分，能不心虚么？”

“不用心虚，这是公社领导的指示，谁敢不执行？！不是你，也是别人，总得有个人应这个景。不过……”老万用他带有穿透力的眼睛瞪着我：

“你这社员的关系混得不错啊！”

“高看我了，我哪会混关係啊，我这是借了‘好人’的光了。现在社员把杨占勇恨得要命，因为他碰了社员的命根子，钱啊！”说到最后，我将食指、中指、姆指捏在一起，搓着。老万有些不屑地说：

“杨占勇就是个替罪羊啊！”我不完全赞同：

“他本人毛病也很大，他太左了，给我的感觉是他也在利用尚方宝剑狐假虎威！”老万又一次用他那单独具有的目光注视着我，点点头：

“合力！都是合力的结果！”因为杨占勇和老万是同班同学，我问老万，杨占勇文革前是啥样子的，不知为什么我现在对人在文革中都变样子这件事很感兴趣。老万说：

“不用我说你也知道，他学习一直上不去，就这一点他就很难在班上显山露水，但是他在政治上一直要求进步，跟老师、跟政治辅导员的关系都很好，早早就入了团。不过无论如何也想不到他在文革中会这么张狂。”

“我明白了，这是人性，人都想出人头地！做人上人。杨占勇割稻子时，每天和社员一样，天天抱着五条垅的稻子割，混在社员里，他不甘心啊！打完稻子，农闲了，他就起事了，硬说队里阶级斗争的盖子没揭开，把地主富农拎出来，喊喊口号，暴打一顿，把地主两条肋骨打折了，就算是把阶级斗争盖子揭开了！这为人是不是有点太损了点？！”我瞅老万没有接茬的意思便继续说：

“这里的农民没有无线电匣子，也不看报纸，阶级觉悟真的不高，不知道上面正在批判人性论，还用旧社会善良不善良的标准看人，说杨占勇心毒，是个搅屎棍子，不是好东西。”老万只是听着，面部毫无表情。

我突然想到一直存在我心里的一个想法便说：

“老万，过去在我心里，革命这个词是个特神圣的一个词，可这几年亲眼看到一个又一个的革命行动，我就不再觉得它神圣了。这些革命行动无非就是烧书、剪人家头发、剪细腿裤、砸商店的招牌、给女人剃个阴阳头、挂破鞋游街、斗老干部让他们喷气式蹶着、连踢带打。难道革命就是让一部分人整另一部分人，羞辱另一部分人，残害另一部分人么？我们从小就立志作革命接班人，如果是这样，就我这性格肯定是成不了接班人了。而且最让我不理解的是过去斗争于非她爸算是革命行动，把他斗得死去活来，现在又把他解放了，官复原职。我认为她爸本来就是个好人，我真不知道这场革命的意义何在？叫人百思不得其解。”

这回老万接茬了：

“你很爱思考！我认为是这样的。很多我们原来信仰的东西，当它从纸面上进入我们的现实以后，让我们看到它的本来面目，这样就有可能使我们成为无信仰的一代。好在大多数人虽然也有同样的経历，但却没有进行思考。上面也不提倡独立思考，所以大多数人云亦云，这就很容易形成刚才我们提到的合力。这种上下形成的合力足以摧毁一切。”

“很可怕！人一旦进入革命状态，人性恶的一面就出来了。例如陈秀云平常老实巴交的，可是当血统论突然流行了，她就马上扎上武装带，开始唱什么‘老子反动儿混蛋’，‘滚他妈的蛋’；还有那个李风杰瞅着多文质彬彬，居然就能命令尔娟把掉在地上的米饭吃下去。这都是咱身边人发生的变化，真难以让人接受。我现在倒挺爱看鲁迅的书，他对国民性看得是真透。”我打断他的话，说出我心中的忿怒。老万没接我的话茬，他的思维还在“合力”上呢。他继续接他刚才的话说：

“不喜欢独立思考的人是最爱抱团的，越薄的东西越容易粘在一起，越厚的东西越各自独立。现在为什么废除了大学教育，为什么焚书坑儒啊？因为不需要人们独立思考，相反需要的是跟随，需要无知，无知的人民加一个领路人，就成为力量。看到羊群了吧，领头羊怎么叫，群羊就怎么叫，即使领头羊在悬崖上往下跳，后面的群羊也会义无反顾地跟随着跳下去。我们就是这群羊！”老万不紧不慢地说着，我却有石破天惊的感觉。

37. 知青回城

于非信中透露的消息果然准确，上级来指示，选调一批人回城，那时城里各条战线的人都已严重地青黄不接了。选调的方法由社员把知青排上先后名次，知青自己也排名次。这两种排名我都是第一名，我庆幸自己红得正当时。花无百日红，人无百日好。看着杨占勇花开又花败，我心里唯恐自己有一天也会零落成泥碾作尘，现在趁尚未被别人整下去之前，赶上了抽调的机会，真算是好命。

拉我们的大汽车把我们送到市里，我赶紧提着简单的行李张牙舞爪地往家奔，还未等进入家门，我就大声地喊着：“妈！我回城啦！”妈妈一脸地喜悦连声说道：“太好了，太好了，我女儿又是城里人了。”我把选调的过程简单地跟妈妈讲完，就往于非家跑去，身后听到妈妈喜滋滋的抱怨，“这丫头屁股还没坐稳就又跑了。”

是命运的召唤？还是情感之所致？总之，这似乎寻常的“跑”，竟改变了我命运的轨道。

这些年我和于非的妈妈已有了很深的感情，我管她叫孔姨。孔姨皮肤白皙、五官端正，个头不高，梳着齐耳的短发。她不是那种张杨的漂亮，但确实很美丽。她年青时，为了逃婚，天不亮，趁家人熟睡未醒，就从农村跑到沈阳加入了革命队伍。她在组织的安排下嫁给了大她十三岁的于叔。虽然他年龄比她大很多，但孔姨并无怨言，因为于叔对她太好了。孔姨的工作热情及能力不是一般人能比的，由于她年年被评为先进工作者，很快当就上了小学校长。这次文革她和于叔都沦为走资本主义道路的当权派。于叔不可以回家，孔姨还可以回家。一天，于非向我诉说她带妈妈去医院打针时，孩子们都往她们身上扔石头的事，我说下回不用你去，我领孔姨去！

果然，我跟孔姨刚走出家门不远，一群孩子就往我们身上扔石头。我个子高，马上用身体护住孔姨，把她安置在一棵大树后面，顺手从路边检了一块大砖头冲着这帮孩子大步走去。我知道这些男孩子专门欺负这些任人宰割的走资派，就是为了显示他们的男性勇敢，他们向那些不敢还手的人动手，仅仅是阿Q对付小尼姑的勇敢。所以，我一脸鄙视和气愤地扬着砖头喊道：“看你们谁敢再扔？打不死你们！”那些半大不小的男孩子们吓得立刻如猢狲般抱头跑开，从此护送孔姨打针的任务就落在我的头上。

于非家拥有一座两层楼的日本房子，批斗于非父母时，她家的两层小楼就被几户人家强占分住了，于非全家就只得住在楼房外面后接的小暂舍中。一天去于非家，发现屋里一片漆黑，我问孔姨为什么不开灯？孔姨说发给每户的灯泡票不知让谁贪污了，反正灯泡票硬是没给她家。这真是虎落平原遭犬欺，我感到极其不公平，便转身跑回家，不顾养了几年的热带鱼的死活，把鱼缸里的灯泡御下来，转身跑回孔姨家把灯泡按上。虽然灯泡度数很低，灯光不很亮，但毕竟可以看到东西了，孔姨高兴的不得了。

我只为孔姨家做了这两件事，孔姨几乎逢人便讲。这天，我一进屋就喊“孔姨，我调回来了！”孔姨赶紧问：“调到哪个局了？”“不知道！”我觉得孔姨问得有点多余，对我们来说，只要能回城，淘大粪都干！管它哪个局呢！孔姨仿佛象是检查工作似的再次问我：“去接你们的工作人员没跟你们讲分到哪个局么？”“可能讲了吧，我当时忙着告别，没听见她说什么。”我仍沉浸在能被调回的激动中。孔姨见我说不清道不明，只知高兴的样子，就核实一下我下乡的公社及大队名称，然后说了一句：“这孩子！”就下楼了，

此时于非已早我三天调回，我问于非：“你分配到哪个局了？”“铁路局， 但铁路局里的哪个单位还不知道，后天去报道，报道那天就知道具体分到哪个单位了。”不一会，孔姨回来了，那时候孔姨家没有电话，她下楼是到楼下一个

单位的收发室去借人家的电话跟她的秘书通话去了。她告诉我，“你被分配到二轻局了。”我当时对各局没有概念，只知道分配到国营好，分配到大集体低人一等。我问孔姨，二轻局是大集体么？孔姨说二轻局下面有上百个厂子，有的厂子是大集体性质的，有的厂子是国营的。孔姨看了我一会，转身又下楼了，只听见她说了一句：

“我给程代表打个电话。”我问于非：

“谁是程代表？”于非说：

“我不太熟，好象是二轻局的军代表，现在各局都是军代表说了算的。”我知道各部门都军管了，但不知道军代表有这么大的权。

报道那天，整个二轻局俱乐部坐满了人。台上的工作人员以厂子为单位叫名字，只听到工作人员说：“下面我念到名字的，请到礼堂的后面集合，由铝制品厂的王主任带你们到厂子报道。”我赶紧问身边的人：“铝制品厂是干什么的？”“做锅的，你们家的大蒸锅，烧水的铝壶……”还没等她说完，我赶紧问：“是大集体还是国营？”“好象是大集体。”这时我紧张起来，一面紧张地听着，一面不停地叨念着：“千万别叫到我，千万别叫到我！”人真是挑肥拣瘦的动物，在农村只想着回城，只要回城，淘大粪都行。一旦确认自己已成为城里人了，又怕成为大集体的职工，只希望一步迈进国营单位捧上铁饭碗，尤其是当上国营大厂子的职工，那地位才高呐。

就这样，一个单位一个单位地念下去，每当旁边的人告诉我，这个单位是大集体时，我就紧张，念到最后，偌大的礼堂只剩下几个人了，念名单的工作人员居然走了。我一下子心慌了起来，难道没有单位要我么？等了好久，一个人走到我们几个人的前面，一面问我们的姓名，一面在手中的名单上划着，然后对我们说："你们明天到研究所去报道！"

我几乎不敢相信自己的耳朵，我？高中一年级的文化程度，居然可以到研究所这样只有大学生才能去的地方？走出大礼堂，我简直不会走路了。我一蹦三跳地跑回家，到家就问妈妈："妈，你猜我分到哪了？""看你乐的那样，肯定是分到国营了！""不但是国营，还是研究所！"这下我妈说了实话，"昨天我还担心呢，二轻局大部分都是大集体单位，你还不得分配到大集体去，不象铁路局里的单位都是国营的。"一提到铁路局，想到了于非，我立刻拨脚就走。我妈在后面喊："你不吃晚饭啦？"

我刚拉开于非家的门，还没看到孔姨和于非，就迫不及待地大声喊："我被分配到研究所了！"孔姨听后对于非说"你程叔还真行，真给面子了！"等孔姨进厨房以后，于非对我说："培敏，我妈对你可是不一般，多少人求她，她一律不管，到你这，我妈主动求程代表，那天下楼打电话就是为你的事。"听后，我感动得竟一句话都说不出来了，我只是在黑暗中送了一只小小的灯泡，孔姨竟为我的前途如此大费心思，世界上居然有这样好的好人。

晚上，我激动得无法入眠，索性坐起来给尔娟写信，把这好消息告诉给她。

这次抽调我和高琦、小芳都调回城了，亲密的朋友里只有尔娟留在了农村。她实在是因为住在五保户家整天拉琴，平时不太接触社员和其它知青，所以两边排名，她都在后面，没有选上。

38. 掺沙子进研究所

到了研究所，我才知道我是借了红五类子弟的光。为了改变研究所资产阶级知识分子一统天下的面貌，上级决定给研究所掺沙子，也就是把无产阶级即贫下中农出身的知青掺入到研究所来，以形成对资产阶级知识分子的改造。据说将来研究所的领导都要从这批人中诞生。我不是红五类出身，但跟着这批人进来，人人都以为我也是根红苗正之列。

虽然市里三派的大联合已经很久了，但研究所里的派性斗争仍十分严重，我们十几名知青刚入所就成了两派势力的争取对象。所里人都见缝插针找我们这批知识青年谈话，甚至让我们表态。我感到了他们两派之间的切齿之恨，但我假装听不懂，只是不停地提问题。渐渐地我发现所里的知识分子大都是八三一派的，政工干部、管理人员、还有各层领导大多是辽革派的。我心里倾向知识分子，因为他们给我讲的都是他们挨整的故事并告诉我对立派里谁最坏、谁最能整人，让我注意。我不喜欢整人的人，但又怕整人的人。我只能装傻，不想介入其中。经历了这几年的文革，看厌了人和人之间的斗争，今天整人者，明天被人整；今天被捧为造反派英雄，明日成为反革命，沦为阶下囚；今日的战友，明日的仇敌。大家都说是捍卫毛主席的革命路线，讲的都是毛主席语录，但彼此就是斗，充满了仇恨。不过不参与、不站队很难，先装傻吧，能装傻一天是一天。十几个知青已基本上站到政工干部、辽革派那一边，显然，他们的站队又给了我很大的压力。

研究所，一个不大的山字型的二层楼，加上一个不大的小院，里面竟装着如此多的矛盾。真应了那句：庙小神灵大，池浅王八多。

39. 尔娟来信

昨晚我梦见尔娟了。在梦里，尔娟在前面急速地跑着，我在后面一边喊着一边追着，尔娟好像故意不理我，头也不回一下，跑得反而更快了。醒来，我心怅然。回城后我连给尔娟写了两封信，但都未见她回信。前几天又发了一封，责备她不该人一走茶就凉，不知这样刺激她，她是否会给我回信？

还好，下午收发室果真告知有我的信。我赶紧去取，一看地址是下河泡，我喜出望外、急不可待地立马拆开了信。只见信中写道："亲爱的培敏：我朝夕怀念的真诚的朋友"，我赶紧离开了收发室，因为眼睛已经湿润了。

"首先应该祝贺你，祝贺你如愿以偿地分到了研究所，我知道你一直羡慕在研究所工作的人，如今你居然成为其中一员，朋友为你高兴，虽然时间晚了点，但确是真诚的，请接受！

培敏，你在信中提醒我，千万别欣赏及奉行阿庆嫂的“人一走茶就凉”的人生哲学。我哪里敢“人一走茶就凉，”不过倒是你一走，我的心彻底凉了。你走的那天，我真说不出是什么滋味，酸甜苦辣五味俱全，这种心情谁都不能充分理解。看到你终于可以回城了，我为你高兴。可我能不想到自己么？你们都走了，留下我孤苦伶丁。你是知道我的，每到这时，我就会咬住牙，不想讲话。我也尝试着给你回信，但一次次拿起笔又一次次放下。现在我只能对琴诉说，诉说我难言的隐痛。

培敏，我无时无刻不在想念你，我们同年同月同日同地生，童年就相识，中学又一个班，后又成为邻居，我们又是同等的命运，相互慰借，相互同情。天底下哪有这样奇巧的事，然而我们就是这样有缘。我清楚地记得在你家、在你那欢乐的小屋里，我经常与你谈到深夜，有时我们欢快地唱歌，我们谈着一切一切，每次都是母亲或妹妹非常不满地招呼我回家，我才恋恋不舍地离开，离开你的小屋。多少个白天、多少个夜晚，我们肩并肩、手牵手地顺着无限延长的路灯漫步畅谈，我们一同去大戏院做好事，一同去千山游玩，一同看电影《椰林怒火》，还有校园东边的那片小树林，我们无数次地徜徉其间。我们是无所不谈、心心相印的好朋友，就连洗衣服，都要将洗衣盆搬到一起，面对面地洗。这样珍贵的友谊我怎么可能“人一走茶就凉”呢！ 你劝我不要再拉琴了，我知道你为我好。可我无论如何做不到，心中越苦闷就越离不开它。我酷爱艺术，我曾将“成为一名演员”做为我的理想。但是命运非但没有让它实现，现在连业余爱好都做不成，我确实受不了。听高琦来信说你们共同欣赏了话剧“风展红旗”，我心里又泛起了浪花，激起了我对未来美好的幻想。我喜爱舞台，即使成不了演员，能经常看舞台上的表演，我也会心甘如怡。

培敏，千万别生我的气，我耳边好象充满着这样的话“真不够朋友，连封信都不回”，“一点情分都没有，还总说什么童年就建立的友谊”。是的，我没有听到你说这些话，但我若是你，我会这样说的。

唉，培敏，我的心乱极了，不是我瞧不起人，那些不如我的人现在都比我混得好，起码一个个都成了城里人，而我仍旧是个农民。为什么背运的总是我，一件、一件……我就不能走运一次么？

过两天又要开始打草片了，想到去年打草片，手指肿得像胡萝卜不能拉琴，我就去找你谈心。今年呢？今年我找谁去？原谅我，我实在写不下去了。

还是要来信啊！那会让我得到慰借、智慧和力量

握你的手

尔娟

看完信，我恨不得踢自己两脚，我真的是乐昏了头。只顾显摆自己的时来运转，怎么就没想到尔娟的痛苦呢。

下班后，我没有马上回家，留在办公室给尔娟写回信。

亲爱的尔娟：

你的信让我从天上掉到了地上，这几天我确实飘飘然，乐昏了头。人生第一次尝到特权的滋味，我真有些不知北了。是啊，现在你我调个位置，我该是何等心情？你没抱怨我，反而竟是我抱怨你。尽管一直是你在包容我，但这次我确实为自己不能设身处地为朋友着想而感到难过。

尔娟，昨天我又去于非家了，于非妈妈让我告诉你，这次抽调只是第一批，很快会有第二批、第三批。让你千万别上火、别着急。于非妈妈同意我的观点，就是要搞好群众关系。因为每次抽调都需要群众投票的。

不是我反对你拉琴，你一有时间就在大娘家拉琴，作为没儿没女的五保户，她当然欢迎你。可别人不了解你啊，这次你的票数把你排到后面，没有第一批回来。这应该是很大的原因。所以我还是希望你这个时期少拉点琴，多接触点群众。我相信你有这个能力。

还有件事，齐艳前天给我来信，其中谈到她的哥哥最近当选为公社党委副书记，齐艳家在当地还是很有影响力的，而且齐艳对你印象很好。我走了，你就把她当作我好了。齐艳是个很实在的人。

尔娟，相信我，你不是老说我说话准么？这次再信我一次，你肯定第二批就会回来的。别伤心、别难过，冬天夺走的一切，春天都会还回。好象是普希金说的，我已记不住原话了。

因为工作的关系，我不能亲自前往，但愿这封信能早早飞到你的身旁。听你胜利的消息！

紧握你的手

培敏

40. 一见钟情“高连长”

研究所原有的员工，除了热衷派性斗争，几乎无项目可做，我们新来的这批知青就更不知干什么了。领导迟迟不分配我们进入各科室，整天做临时工。今天让我们把放在院里为冬天取暖而备的煤堆换个地方，明天让我们为食堂的下水道挖沟，……。在干活时，我了解到和我同来的知青都是来自法库、昌图等离沈阳市很远的公社。这些人都是已混到公社一层的干部了，个个都很能咋呼。那天大家挖沟觉得有些累时，突然一个叫范明艳的跳出沟外，放下铁锨，挥起拳头，高喊：“下定决心，不怕牺牲，排除万难，去争取胜利！”她不停地呼喊着、重复着这条毛主席语录，我不由得斜眼瞅了她一眼，发现她也未必比我轻松，厌恶之情似乎少了一点。

休息的时间，大家坐在一起聊天。这些人的心似乎还在农村，讲的都是公社里的事。大家渐渐地把话集中到一个叫赵长春的身上。就是那个叫范明艳的开的头，她说，咱公社秋后拣庄稼时，无论哪个公社领导来，社员都照拣不误，但是只要一听说是公社领导赵长春来了，社员就马上全跑了，没有不怕他的。这倒引起我的兴趣，因为我觉得不可能。对社员来说，一个知青就是一个外来户，那会有那么大的威力。旁边一个叫牛世英的从旁作证，她对范明艳说："你说的这个人，我可能认识，如果不是同名同姓，他可能就是我们长征拉练去井岗山的那个团长。"因为她两不在一个公社，怕说的不是一个人，两人开始核对长相：中上等个，也就1米七五那样，国字型脸，眼睛不大，但还是挺帅的。老高三的，每项都核对上了。原来这个叫赵长春的人是沈阳市红卫兵团的二把手，在全国兴起长征拉练的热潮中，他作为沈阳长征拉练团的团长，率领一百多名红卫兵徒步从沈阳走到井岗山，开始几天大家一路又唱歌、又背毛主席语录的，兴高采烈得一塌糊涂。过了几天，浑身疲乏的不行，脚上又磨出了一堆大泡，一走路就痛得钻心，牛世英几个人就坐在路边不肯再走了，这时，接到报告的团长赵长春就从队伍的前边走到后面来问牛世英："出来之前没想到这么苦么？"牛世英看到一脸严肃的赵长春，硬是一句话没敢说。"脚上打泡不是你们几个人，现在队伍里没有人脚上没泡的，出来长征拉练为的什么？不就是练革命意志的么？你们几个人现在后悔来得及，我可以打电话给总部，让总部派个车把你们接回去。你们几个人想想，给你们十五分钟的时间。”然后他冲着队伍喊了句：“原地休息！”我赶紧好奇地问：

“那你回去了吗？”

“没有，不过赵长春是挺威严的，100多人的队伍，没有人不怕他的。”

“那你走到井岗山了？！”我虽然没资格参加长征拉练，但是他们能徒步从沈阳走到井岗山，全程几乎5000里的路，我还是格外佩服的。

“到后来就不累了，愈走愈轻松了”牛世英谦虚地说。又一个人接茬：

“你们说的这个人是不是就是现在在局里负责知青分配的那个？那个人说话太噎人了！我不想来研究所，要求他给我调换一下，他问我为什么？我顺嘴说一句‘那个小破楼’，他马上来一句：

“楼大楼小都属于你，跟你有什么关系？市政府楼大，你进得去么？！”

一晃到了十月，那天，天气阴霾，风带着湿冷从北边刮来。我们马上要去抚顺市参观万人坑阶级教育展览馆。大货车已停在研究所的门外。因为路途不近，临行前，大家都纷纷去厕所。我也一样，当解完手，低着头走出厕所，还没走出几步，一抬头，和对面一个男生打了个对面，只这一瞥，身体立刻有一种被电击到的感觉，轰雷掣电一般。这是我从没有过的经历，太奇妙了。“这不是《南征北战》里的高连长么？”我听到心底的声音。那一付英武、庄重、严肃的气度震摄得我没敢再看第二眼，随即低下头，继续向门外走去。

因为是货车，车跑起来让人感到很冷，我们女生都坐在货车的后面挤在一起取暖，我不由自主地向那个迎着寒风站在前面的男生望去。这一望不打紧，我心里一阵狂喜，刚才让我为之一震的那个男生就站在那里，腰板挺直，象个军人。我无法把我的目光从他身上移开，他是哪的？怎么也跟我们一起接受阶级教育呢？

车到了抚顺，大家纷纷跳下车，似乎有两个男生认识他，他们说着话，看得出那两个男生对他很尊敬并很讨好的样子。他一眼都没向女生这边望过来。我始终站在他的斜后方，能够看到他的侧脸。他的表情始终庄严，我从来没见过这样的男生，不光帅，他的气质里还有一种居高临下的领袖魅力。我被他迷住了，眼睛象舞台追光一样一刻不离地追随他。至于展览馆讲解员都讲解了什么，我一句都没听进去。

第二天，我希望能在研究所再看到他，但是没有。中午食堂吃饭，我第一个进去，最后一个出来，眼光不停在人群里搜索，没有。我想打听一下，这个人是谁？在哪里工作？几次想问和他说话的那两个男生，但是都因不好意思而放弃了。

又是两个月过去了，我已被分配到金相实验室作一名试验员。上班的铃刚响过，我们就被通知到室主任办公室去开会。我一进办公室就立刻呆住了，是他？他怎么来了？我表面上装着若无其事的样子，内心则狂跳不止。室主任介绍说："我们室又来了一位新同志，就是这位赵长春同志，以后他就在物理实验室工作。赵长春同志原是……。"啊？他就是赵长春？这个击倒我的人就是她们传说的赵常春，而且以后和我在一个部门工作！是老天爷送给我的么？真是"你已走近，来与我相见……"我一阵胡思乱想，室主任吹捧他的话我一句都没听见。

赵长春的物理实验室在一楼，我的金相实验室在二楼，从我办公桌的位置向下望去就可以看到物理实验室。只见物理实验室一反常态的开始热闹起来，很多人进进出出。这个人有什么魔力这么能凝聚人啊？最让我奇怪的是我们知青的负责人常铁生接连到他那里去了好几次。很多人猜想赵长春来了，常铁生就不得烟抽了，意思是以后什么好事就没常铁生的份了。可没想到常铁生却连着去拜见未来的政敌。那些上次一起议论他的人什么范明艳、牛世英都去看过他好几回。不过我始终没去，如果偶尔碰到赵长春，我也象碰到空气一样，视若不见。

工作后，总是早来晚走。一天，因为有事，我必须下班后早点赶回家，所以下班鈴一响，我立刻就拿起早已收拾好的包，象离弦的箭那样衝了出去，为着赶上20路5：10分的那班车。等赶到车站时，我一下傻眼了，啊？他怎么站在那里等车，难道他每天也坐20路车回家吗？我喜出望外。但我仍没有和他打招呼，仍象见到空气一般，看他从前门上了车，我立刻从后门上车，眼睛却不时地向前门他站着的地方瞟去，看他在哪站下车。他一直没有下车，而是和我一样都坐到了终点站。换乘有轨电车时我发现他居然也是去铁西，我又是一阵窃喜，是啊！我早该想到，他家是工人阶级出身，他爸爸是老工人，当然应该住在铁西区。

从那天之后，每天下班铃一响，我就成为一支离弦的箭。不为别的，就为和他同坐一辆车。

但我从不和他一个门上车。尽管我在闺蜜中无数次地讲到他，甚至直接告诉朋友们我暗恋了，但是这么久，我却从来未跟他说过一句话。少女的自尊？还是不习惯和男生说话？进高中以后，男生不先开口和我说话，我是从不主动和他们说话的。但是这回，我碰到了一个同类，一个从不主动和女生说话的人。

一天，有轨电车停电了，我准备走回家，我还没走出几步，耳边就响起他的声音，低沉、稳重、带着磁性的声音：

“你家好象不远，就在云峰街对吗？”我点点头后反问他：

“那你家远吗？”

“我家比你家远多了，在工人村。”稍停一会，赵长春单刀直入：

“刘永廉不是挺好么？你怎么不同意？”哇！他的消息可真够灵通的。刘永廉是研究所里唯一一位文革前毕业的老大学生，据说，就研究所同志给他介绍的对象就不下几十个，他都没看上。但是这些日子，他托了好几位和我走得比较近的同志向我转达他要和我处朋友的意思。那时所里规定我们这些学徒工在学徒三年期间不许搞对象，他却这样公开地一而再、再而三地找人和我谈，我觉得他处理问题很蠢，再说我心里已装着赵长春。所以我全部一口回绝。这么好的条件都不同意，人们猜想我已有对象了，也好，免得他们热心地为我介绍。我真想对赵长春说："因为你啊！"但是少女的羞涩阻挡了我的表白。

"我不喜欢他！"我找了个理由回答。

"你和他没接触过，怎么知道会不喜欢？"我一时不知如何回答，心中暗想："这老小子平时对女生视而不见，不言不语，一旦说话竟直接问如此敏感的问题，真够勇敢的。想想，说也无妨：

"我跟他接触了！"我仰起头向他望去，他立刻显示出出乎意料的表情，但他没说话。我接着说：

"前天早上，我刚到实验室，他就进来了，说是借给我两本他摘录的名言警句，别说摘的还真有水平！不过他说的话让我感到特别不舒服！"他笑着问：

"他说什么了？"

他说：'小陈，我不理解，你怎么可能不同意我呢？'唉！你说说他是不是把自己看得太高了。后来他又问我，'你想找什么样条件的？'我说'没什么条件，就是想找个能作我老师的。’这时他恭维我了：‘你一看就是读过很多书的人，能作你的老师的人，恐怕很难找到！’”其实刘永廉原话的开头是“你温文尔雅，一看就是读过很多书的人……”我没好意思说出“温文尔雅”四个字来，我觉得温文尔雅按到我头上太失准确，这句话要是让我妈听到了还不笑掉大牙，一个翻墙爬树的人何时有了温文尔雅的形象？赵长春似乎在消化这句话，隔了一会，他若有所思地说：

“刘永廉说的不错！”啊？赵长春居然奉承我，看来他也认为能作我老师的人不多？我正在暗自得意之时，对面一个人捶了我一拳，我一看这不是文佳么？要不是在赵长春面前，我俩一定会搂在一起又蹦又跳一会。文佳很聪明，理解了我的矜持，她的眼神转向赵长春看了一眼后，对着我说：

“我晚上去你家！”然后就飘然离去。赵长春问：

“你的同学？”我大动作地点了点头。他说：

“我可以认识你的朋友么？”这老小子，要么不跟你说话，一说起话来居然如此胆大！一眼就看中了？！我深深地嫉妒起文佳的魅力，我要是这么有魅力该多好！

晚上，文佳到我家来了，她是险票回的城，知青的选票她很高，社员的票低了点，她被分配到木柴加工厂，是国营企业。我问她：

“你知道站我旁边的那个人是谁吗？是赵长春！”赵长春三个字是一个字一个字蹦出的，语气很有隆重推出的味道。

“赵长春？！开玩笑！他哪是《南征北战》里的高连长？！就是个老农啊！”

“你狗嘴里吐不出象牙来，我拿你没办法！”我的手向她一挥说道。突然我口气一转：

“唉，传授一下，你的魅力也太大了，赵长春只见你一面，就让我把你介绍给他，我们认识这么久了，今天他才第一次和我说话。”还没等我说完，文佳就嚷起来：

“开玩笑！我跟你说，你那位‘高连长’自始至终都没看我一眼！我老远就看见你低着头往前走，倒是他侧着头在看你，等我走到你跟前时，他的头早侧向一边去了，瞅都未瞅我一眼。”一听这话，我心里特别的受用，这才是我认识的赵长春。

“想处处么？”我问，

“你的高连长还是你留着吧，友夫不可夺啊！”

我白了她一眼，咽口唾沫叹道：“还妻啊夫啊的，连朋友都不是。”

“我告诉你啊，他是看上你了，想借认识你的朋友，创造接触你的机会。你这个大傻子，还给我介绍！”语气是十足地嘲讽。

“你真高抬我了，研究所的女孩子都明里暗里地在追他，个个根红苗正，长得都不赖。”

“你这人看谁都好看。告诉你，那些小初中生根本不是你的对手，她们不可能有你这气质！”

“气质，气质值几个錢！”

第二天，站在物理实验室门口，我犹豫了很久，觉得还是应该给赵长春一个回话。我硬着头皮进了门。自从他进物理实验室后，我还是第一次进来。我对赵长春说：

“昨晚我跟我那同学提了，她说她已有对象了。”我觉得编这样的理由不会伤害赵长春的自尊心。谁知他居然笑了，他的笑太有魅力了，是那种不出声的笑，表明着他觉得太有意思、太滑稽的感觉。

他说：“你误会了，我没有让你提对象的意思。”

“你不是说让我介绍她给你么？”

“可能我表达的有问题，我是觉得你们学校的学生素质都很好，只是想互相认识学习一下。”说完，他从抽屉里拿出一本书《少年维特之烦恼》，

“这本书你看过么？”他问，我摇了摇头，

“想看么？”我点了点头，他又笑了，还是那种觉得很有意思的笑。我拿过书，起身要走。他带着笑叫住了我，那个笑似乎是大人对孩子的笑容。

“就这么大张旗鼓地拿走？”他用疑问的目光凝视着我，目光中仍然充满着笑意。这是我和他第一次的目光直接对视，我有些不好意思，他看到了，立刻收起目光，笑着从桌上拿了一个旧檔案袋，把书放到里面，然后缓缓地有些大动作地把书递给我，说：

“拿回家看，千万别让别的人看到。”对呀，这种封资

修的书怎么可以明目张胆地拿出去？！真够蠢！

回到室里，我立刻把书藏在自己的书包里，心里乐不可支。我早就知道歌德写完《维特》后一鸣惊人，据说拿破仑在远征途中居然把它看了七遍。我一直神往，一直在寻找这本书却一直没有找到。今天得来却全没费工夫，当然我高兴，但让我更高兴的是，也是完全出乎我意料的是，一个无产阶级出身的赵长春居然也爱看这些封、资、修的书，这说明我们的精神世界是一致的。想到这，我心底涌上一种奇妙的欢快，一种不断在升腾着的欢快。

回到家，我立刻打开书看。书中有一页被折了一个角，那一页用红铅笔画道的那句话最先映入我的眼帘。“我为什么羞于表达自己的想法？”我的心跳立刻加快，一阵狂喜。这是什么意思？他也在暗恋我么？他在用这种方式向我表达么？我马上寻找用红铅笔画过的其它句子。果然又找到两处：“我只要看到她那双乌黑的眸子，心里就非常高兴！”难道是指我的眼睛么？不可否认，我确实有一双大眼睛。“在读到一本心爱的书中的某一处——哦——我和绿蒂就会有一种心灵的交融……”这个没有过，不过以后肯定会有，这是他的向往么？

我激动地反复地看这几句话，我多么希望这红铅笔是他划的。可是他在借给我书的时候，分明说了一句，这本书是朋友借给他的。我急于想破这个谜，加上这书本来就不厚，我熬夜一口气把它看完了。

第二天把书还给他时，他大吃一惊！“真够快的！”他说。如果别人不想向你敞开他的内心世界，我一般都会识趣地避开。但是现在我必须巧妙地闯进去。我说我找这本书找了好久，终于看到了，非常感谢你的这位朋友。显然一提到这位朋友，赵长春很有话谈。他说这位朋友非常可怜，一九六五年高中毕业，本来可以考上大学，但当时是一个非常激进时代。别人是一颗红心，两手准备，考不上大学就下乡。可是他却是一颗红心一手准备，不考大学，直接奔赴祖国最艰苦的地方去。我说：“那不就是侯隽、邢燕子了么？”侯隽、邢燕子是国家树立的典型，号召我们向她们学习，她们放弃考大学的选择，直接奔赴艰苦的农村，以改造落后的农村为己任。赵长春说：“侯隽、邢燕子行啊，全国各地到处作报告，那是中央树立的典型，受到各级领导的关怀。我这朋友就不行了，刚去时还好，文革中就没人管了。他的生活能力很低，冬天屋子奇冷，他自己吃饭又瞎对付，结果得了类风湿，又带出甲亢。农民是看不起病的，他挣的那点工分也就够吃口饭的。“类风湿不治会咋样？”“一点点腰就直不起来了，最终身体就成了虾状，弯曲的。”“哇！好可怜哦！不过，他看书倒很认真，好句子都用红笔画出来！”我鼓足勇气加了后面一句并鼓足勇气用眼睛查看了一下赵长春的表情，他象没听见一样，未有任何表情变化，我的谜底没有解开，心中随之一凉。

这之后，赵长春仍不时地借给我一些世界名著，仍然有的书页被折起，红铅笔画出的句子仍然象有情人在向我诉说。但我不再激动，不再热血沸腾。因为那是他的朋友画的，跟我无关。我只是不明白他那位朋友的家里怎么会有这么多书。

41. 恋爱中的尔娟

九月，天高气爽。研究院的小二楼又传来呼喊接电话的声音。已经有人抱怨我的电话太多了，我赶紧跑过去，唯恐对方喊起来没完。不料电话里我听到的竟是尔娟的声音：“培敏！我调回来了，知道我被分配到哪里了么？我被分配到东北局俱乐部，离你单位不到十分钟的路。你下班别走，我五点多到你单位接你。”尔娟不容我接话，一口气笑着说出。

没有尔娟接我，还真进不去她的单位，因为门口有士兵持枪站岗。院子极大，我们是从侧门进去的，因为侧门离我的单位很近，走路也就十分钟。要进正门，就得走半个多小时的路程。院子里有两片树林子，走过小树林，看见一个具有高大罗马柱的很气派的建筑，这就是原东北局俱乐部、现省人民政府大礼堂。东北局原是东北三省的最高领导机构。文革中，东北局被撤消，东北局俱乐部自然改为省政府大礼堂。我跟着尔娟拾阶而上，走上十几步台阶，穿过高大的柱子，进入大礼堂门。门内是少见的大理石地面，宽大的前厅挂着豪华的吊灯。尔娟把我引进剧场。她顺手开了几个灯，剧场一下子亮了，啊！好大的剧场啊，能容纳千八百人。我两手拍在尔娟的肩上说：

“尔娟!你真的和舞台在一起了！”尔娟笑了，嘴角上的那个括弧显得格外美丽。她说，

“我总问自己：‘这是真的吗？’”

我说：“是啊，刚到研究院时，我也这样问自己，走在马路上我老想蹦啊跳啊。”我问尔娟具体做什么工作？尔娟说今天只是报道，还未分配具体工作，不过只要有舞台，有节目看，扫厕所也干！这话尔娟以前说过好几回了，现在梦想成真了。

最后，尔娟对我说，“以后别叫我尔娟，叫我东红，其实我早就随继父改名了，这次到新单位，都不认识我，新名就可以叫开了。另外千万别提我生父的事。否则她们又会歧视我了。我说，放心吧！我没那爱好。尔娟接着告诉我，她的继父早就出狱了，是冤假错案。

尔娟就住在单位里，每天工作没有上下班的概念，就是凭热情地干活。领导有了尔娟简直越来越轻松。后来，尔娟竟作了主管，来剧场演出的名角需要办点私事都找尔娟，以至渐渐地都成了尔娟的朋友。

剧场经常上映内部电影，所谓内部电影就是内部放映的

外国电影。这让尔娟交了很多朋友，连我都跟着借光，看了很多在外面根本看不到的电影如《复活》、《安娜 · 卡列尼娜》、《第六颗子弹》等，而且跟着尔娟还认识了很多名演员。

一天，我去尔娟那里，见到尔娟正在和一位风姿绰约的中年女子说话。看到我，尔娟立刻招呼我过去，问我："认识吗？"我一眼看出她就是当年演"兵临城下"里的白雪，心中暗暗佩服尔娟的交际能力。稍许寒暄后，白雪拍了一下尔娟的肩膀说："你考虑考虑！"说完又像当年一样飘走了。我问尔娟什么事?

尔娟答道给我介绍个大学生，那语气极漫不经心。

我问"不想看？"

"不想看！一个臭老九。"

"哪个大学的？"

"上海交大的。"

"上海人？"

"上海人。"

"多高个？"

"说是一米八。"

"尔娟，这个可比那个李爱党的条件好太多了，你应该看！"

"知道他出身么？和我一样出身也是资本家，我刚把自己洗白点，再找个出身不好的，又染黑了。"

“那你也得看！你这个介绍人硬啊！咋也得给介绍人一个面子。去吧，去看一眼，身上也掉不了二两肉。”尔娟耷拉一下脑袋作出无可奈何的样子算是表示同意了。

第二天，工作时间，尔娟来电话了，我急于想知道这次相亲的结果，就赶紧从办公室溜出去，几乎小跑般地跑到尔娟单位，一见到尔娟就发觉她乐得合不拢嘴。

我第一句就问“人咋样？”

“太棒了！”

“长得行不？”

“太带劲了！”

“说话呐？”

“太有水平了！”

“啥情况？看中了？！”

“第一眼就被他枪毙了！”她说话一点也不留余地，又有点嬉皮笑脸，我弄不清楚是逗我呢还是真的？

我故意作严肃状“说真的，别开玩笑！”

尔娟勉强换一副严肃表情，很认真地对我说：

“说的都是真的！没开玩笑！”

“哇，这么好哇！那太好了，那就好好处吧！”

尔娟的脸一下子晴转阴，

“唉，人是没得说的，可是不但是臭老九，偏偏又是资本家出身”

“别老臭老九、臭老九的，你没听老万说么？那是元朝的分法，人分十等，妓女第八，读书人第九。读书人都赶不上妓女了，你说这正常吗？反正谁想愚民谁就不待见知识分子。”

“那你咋不找个臭老九呐？你咋找个老高三又根红苗正的呐？”

“我那不是找的啊？！那叫惊鸿一瞥我就掉进去了，掉进去就出不来了，你说我有啥法？。再说，他还不知道咱家这德行呐，知道了准不能干！”我叹口气，陷入沉思中。是啊，说不准赵长春就是李爱党第二呢？想到这，一种沉痛的悲伤立刻从心底深处浙漫开来。

我好像是对尔娟说，又好像是自言自语：“尔娟，我可能要步你的后尘了……，”

“千万别，太痛苦了，那种低人一等，被人鄙视，被人抛弃的滋味太折磨人了，简直就让人接受不了！什么时候一想起他妈说的那些话，我都有伤口被重新撕开的感觉。”

“怎么办啊？我掉进去了！他天天都在我这里”我指了指自己的脑门。

“尔娟：“你骂我吧！把当初我骂你的话，把当初我讲的那些大道理都还给我，向我开炮，看我能不能跳出来？！”

尔娟没有骂我，她说：“李爱党是军队的，军队政审是很严的，你们就是一个研究所的普通职工，结婚还能政审么？”这句话一下子点亮了我，仿佛叶又绿了，花又红了，鸟儿又叫了，我的心中立刻生机一片。

尔娟见我不愁了，马上问我："那我怎么办啊？说实在的，我真喜欢他。但我妈好不容易为我们把资本家的出身改成贫农了，我又找个资本家出身的，我妈还不气死。"

我想了想不由得乐了，

"你说咱俩这对象还能找么？找出身好的吧，怕人嫌弃咱，找出身不好的吧，咱还嫌弃人家。看来，真有一天赵长春嫌弃我家的政治背景，我也不会怪他了，大家都一样。"

"别老说你那个赵长春了，快帮我拿个主意啊！"

"其实臭老九不算什么大毛病，人类历史是从没文化走向有文化的，如果从有文化走向没文化那不是历史倒退了么！反正我对臭老九不反感，我喜欢有文化的人。现在就这五届大学生了，不算空前也确实是绝后了，不再招生了嘛。前三届年岁大，几乎都结婚了。就剩这最后两届，没结婚的也不多了，物以稀为贵，不是我吓唬你，过了这个村就没这个店儿了，你那时想找大学生还没了呢！再说资本家，其实用老话说，你们两家那叫门当户对。你为什么喜欢他，其实就是这两点在起作用，你才会觉得他太带劲了，你才会喜欢他。难得你一眼就看上他了，要我说就先处处。"我心里舒畅了，长篇大论起来。

42. 左撇子

不知什么风把赵长春刮进我们金相室来了。他整天稳坐在他的办公室里，“接见”这个，“接见”那个的，从未见他去过任何别人的办公室。见他进来，我颇感惊喜，便打趣地问他：“深居简出的人亲自上门，有何重要指示？”我和他接触几次以后，现在已可以和他随便逗笑了。他没接话茬，问我：“你师傅呢？”“他没事就去各室瞎转，很少在自己室里呆着，你找他么？”他摇了摇头，一屁股坐在我师傅的椅子上，用眼睛打量着实验室。我说：“你也别太官僚了，我带你参观一下，了解一下我们金相室是作什么的吧。”还未等我说完，他已站起身来。我指着一个小的加热压缩设备说这是镶样设备，把需要检测的金属和电木粉放在一起加热压缩制成试样。我又指着一台抛光机说，然后把试样在抛光机上抛磨得像镜面一样没有一丝划痕，然后再用化学试剂加以腐蚀。我一边说着一边领他走进显微镜室。因为窗户上挂着厚厚的防光窗帘，屋子很黑，我打开了灯。迎面的长条台上放着三台坐式显微镜。一台一人长的德国进口的卧式显微室扒在门口的右侧，这台设备上的蔡司镜头可以把金属试样在化学试剂腐蚀下呈现出的各种不同花纹拍摄得非常清晰。我特别喜欢观看这些花纹，不同的花纹有不同的名字：铁素体、珠光体、索氏体、马氏体等等。通过小小试样里的花纹可以知道每一炉的钢材淬火的温度够不够，回火温度是否合适？进货的材质有无问题？然后把检察的结果，附上照片，写出结论，很象医院里X光检查的大夫，不同的是我们给金属作检查。

记得分配到金相室的第一天，师傅笑呵呵地吓唬我说：他先后带过四个徒弟，个个都半路告绕，离开金相室去别的科室，没有一个学下来的。这倒激起了我的斗志，心里想你能学会，我就肯定能学会。师傅识别各种常见的“体”没问题，但理论不行，当出现没见过的花纹时，他就不做结论，只在报告上写下自己看懂的部分。为此我开始啃大学的专业课书籍《金属学》。有一次，师傅看到一个过去没见过的特别亮的花纹，便照旧视而不见，在报告中把这部分隐去不写。但是我却说出了这种花纹的名字，“二次马氏体”，这是我是从书上学到的他没听过的名字。二次马氏体的出现说明这批材质有很大的问题，我建议把“二次马氏体”拍出照片，贴在报告上报上去。这一举动，震惊了师傅。以前他老讲“教会徒弟，饿死师傅”，不情愿教我，从我认识二次马氏体后，遇事却找我研究。

我又领着赵长春进入暗房，讲解如何把照下来的底片显影成照片以及如何放大。当我们重新回到办公室后，我开始搜肠刮肚地找话题，生怕冷了场。

“赵长春，人们怎么都管你叫‘老左’呢，是说你很革命的意思吗？”

“不是，因为我是左撇子。”他答道。

“噢，看来你妈挺惯你的，我小学班里有个左撇子，生让他妈给打过来了，后来很正常了。”

“左撇子不正常吗？”他含笑问我，我随口说了一句：

“那当然不正常了！”说完就觉得失言了，但是又觉得没必要再把话拉回来。

“你家有几个孩子啊？”

“两个，我和一个妹妹。”

“你妹妹多大了？”

“和你一般大。”啊，他连我的岁数都知道，我心里好不惊奇。没话找话很累，我想起他那位借书给他的朋友，上回提到他，似乎可以把他的话匣子打开。

“那位借书给你的朋友，他家是干什么的？怎么他家有那么多书啊？”

“他爷爷、奶奶、爸爸、妈妈都是大学毕业生，都喜欢看书。破四旧时，他怕他家的书被烧，都转移到农村他自己的房子里去了。好在农民都不识字，也不知道是大毒草，就都留下了。”他回答完毕以后，没有展开聊。我们沉默了几分钟，我一时没找到话题。

倒是赵长春打破了沉默说：

“小陈，研究所追你的人很多啊？！”

“没有啊！没人追我啊！”

“常铁生不是在追你吗？”

“他哪叫什么追，”我真服了他了，消息太灵通了。这是昨天的事，我也是上午才知道的。原来我们知青里一个女生看中了常铁生，自己不好意思说，就求个朋友去试探常铁生，结果常铁生告之以实话，说研究所里的女生他只看中两个人，其中一个就是我。

我感叹道：“你消息也太灵通了吧？！这是昨天的事，不到一天你就知道了。”

赵未置可否，“常铁生很不错，很有发展前途。”

我摇摇头，“他就象在卖马市场上看中了两匹他以为不错的马，这和我有什么关系？”

“他会跟你提出的。”

“你怎么知道？”

“他跟我讲了。”

“那你能帮我个忙么？”他没有回答，用眼神询问我。

“告诉他我有对象了！”

他笑了，问：“真的，假的？”我刚要脱口而出“假的。”却急忙咽了回去。我突然觉得这是试探他的最好时机。

我眼睛牢牢地盯住他说：“真的！”随着这两个字一出口，我看到他的双肩略一下沉，眼神里闪出一絲哀痛，笑容已变成了苦笑。他极力想恢复正常，便用平淡的口吻说：

“看来付淑琴说的是对的，她说她在太原街看见你和你的男朋友，说他不是一般的英俊，象电影明星一样。”他说后面那句话时笑容又起，但我却似乎看出点醋意。我决心不要再演下去了，试探很成功。

我立刻哈哈大笑起来，“骗你的，我没有。付淑琴那天看见的是我二哥，十几天前，我和他一起去的太原街。”他重新又精神饱满起来，象漏了气的气球重新充了气。

我很兴奋，下班以后没有回家，直接去找尔娟。尔娟正在剧场里，晚上放映电影。她问我看不看，我说：“不看，我是找你聊天来的。”她说：“那好，我也不看了。让我把工作布置一下，你先到我办公室坐一会儿。”她顺手把她办公室的钥匙给了我。

不一会儿，尔娟回来了，她不等落坐就笑着说：“肯定又要聊你那个‘高连长’了。”这话是因为我曾经取笑她老聊她那个达远，今天是给我回马枪。我立刻反击道：

“小心眼，报复！”我把今天发生的一切都讲给尔娟听，并说出了我的判断：

“他平时一本正经，不近女色，一付很封建的样子，但一旦有‘敌人’向我靠拢，他就立刻不要风度了。他第一次张口主动和我说话，就是因为刘永廉追我，这回第一次到我办公室来，又是因为常铁生，要知道他是从来不去任何人的办公室的。”在说到两个第一次时我用的都是加重语气。我问尔娟：

“是不是有些沉不住气的样子？”

尔娟说：“很明显，他爱你。”

“那他为什么不提出？”

“那你为什么不提出？”

“我怎么提出啊？我要是根红苗正，即便我是女的，我也能豁出脸来向他表白。但咱家这个政治条件！唉一”我把头伏在办公桌上，半晌不想说话。突然，我扬起头：

“对了，今天我听师傅说赵长春以后可能会提升为局长或副局长什么的，听说已被列入接班人的第三梯队了。”

“那你就是局长夫人啦！”

“还局长夫人呐，他要是跟我结婚恐怕连党都入不了，更别说当局长啦！”

“那你咋办？”尔娟问。

“咋办？我总不能把人家的大好前途给毁了吧？我活了20多岁，就从来没看上过谁，可是就在那个阴天，那么看他一眼，就雷鸣电闪般地把我打晕了，到现在还晕呼呼的。你说我怎么就看上他了呢？”

尔娟说：“如果第三梯队里没有他，你俩不就没障碍了么？”

“应该没有，两个普普通通的小老百姓结婚，组织还能管么？！”

“我认识你们局组织部的一个人，好象是副部长，他和他爱人老来这看节目。”

“服了你了，你咋谁都认识呢？！”

“她爱人和咱领导是朋友。等他们再来时，我问问他。”

“希望他不是，希望他不是，真希望他不是。”我两手作揖叨念着。

第二天中午在大食堂吃饭，大长条桌子，大长条櫈子。我通常和物理试验室的试验员江云秀坐在一起，因为我们检测部门只有我们两个女知青。只见赵长春坐在我斜对面那长条桌子旁，不知他说了什么，那张桌子的人爆发一阵哄笑，只听一个人说：

“都这岁数了，肯定改不过来了！”我问江云秀，他们笑什么？江云秀说：

“你看赵长春平常一本正经的，其实他有时跟小孩似的，可有意思了。今天上午在那拼命用右手练写字，说左撇子不正常，要改。我估计他现在可能正在练习用右手吃饭吧？！江云秀和赵长春一个办公室，她常和我说起赵长春的一些趣闻。

吃完饭后，江云秀跟着我到了我的办公室。中午休息一个小时，大家可以闲聊很久。我们俩站在一起聊着，眼睛无意识地向下瞅着院子。我突然发现赵长春推着自行车来到空地。他刚要骑上去，车子一偏，他跌倒了。他再一次要骑上去，车子又一偏，他又跌倒了。如此往复数次，我不禁问江云秀：

“他不是会骑车么！”

“这不是练习从右边上车么！他是左撇子，过去都从左边上车，现在不知谁说了啥，非要把左撇子这毛病改了。都这岁数了，能改得了么！净瞎扯，你说他是不是有毛病？！”

看见赵长春一次次上不去，一次次摔倒，江云秀说什么我都已听不见了，我只想冲下楼去，对他喊：“左撇子挺好，千万别改了。”脑子里虽然已激动得人仰马翻，但不知是自尊还是封建意识，还是惧怕舆论，我的脸部表情纹絲未动，脚踩在原地纹絲未动。不知当年那个爬树翻墙，那个拿着砖头大步走向扔石子人的女孩哪里去了！冲动是魔鬼，我告诉自己。还好，他愈来愈会驾驭自行车了，最终，他终于可以从右边上车，并在院子里绕着圈的骑着。

不需要再猜测了，尔娟说的是对的，他分明是爱我的。想到这，我却没有感到一丝甜蜜，反而感到一种酸楚攫获着我。他爱我，可我没有权利接纳，有什么用呢！我感到心在痛，望着天空，虽然无云，但我仍感到阴霾。我问老天，你到底是給我还是不给我？你把一个陌生人变成我心心念念的人，却又说我不可以要他，你为什么要这么残忍，你凭什么要这样残害我？谁给你这种生杀予夺的权利？我又想到尔娟，当时她面对我现在同样的处境，我只是轻松地出了几个主意，果断又绝决。殊不知采纳这些主意是如此痛彻心扉。我又感到自怜，可怜自己怎么生在这样一个家庭里？尔娟的那句话："我就是那个不该出生的人。"响在耳边。

不到十天的功夫，尔娟来电话了。当我向她那里走去时，我感到自己仿佛是去拿爱情的生死牌。只要尔娟告诉我消息是准确的，我就失去了赵长春。我脚步沉重地走着，心情也越来越沉重。

尔娟见到我，把我领到她的办公室。我坐下，等待她的宣判。只听她对我说，那个副部长对赵长春的评价特别高，说赵长春特别具有领导素质，是非常好的当领导的料子。作风正派，稳重，有原则性，敢于批评和自我批评，和群众有天然的亲和力。他一直做领导工作，无论在哪里做领导威信都很高。虽然年青但很有震摄力，是个能打开工作局面的人。他说：他确实已被列为局里第三梯队的接班人，但一切都没最后决定，还需要进一步政审及考核。副部长说中央汲取了苏联赫鲁晓夫的教训，对接班人的选拔及培养是慎之又慎。尔娟大胆地问他一句，那他们的配偶也一定得根红苗正吧？"那是必须的。据我们掌握他目前还没有女朋友，你知道有关这方面的信息吗？"尔娟答道："没有，只是好奇地问问。"

“只能退出了。”我有气无力地说出这五个字时，眼泪已溢出眼眶。尔娟赶紧拉起我的手，眼泪也在她的眼眶里晃动，这是同为天涯沦落人的相怜。我的眼泪像泉涌般地滚落出来，尔娟的眼泪也流淌着。我们彼此无话，只靠泪水来冲洗心中的巨痛。很久、很久，我收起泪水，对尔娟说：“当断不断，反受其乱。为了他好也为了我好，一切都结束了，就当一切都没发生。”

43. 他就是那个春天

心中郁闷，我没事就往尔娟那里跑。

达远终于从故事中的人物变成我眼前的现实存在。当他推开尔娟办公室的门向我们走来时，我真觉得如果在他脖子上加一条围巾，他就是电影中的五四青年。一副民国知识分子的样子，斯文、谦和，温文尔雅，加上个子高挑，眉清目秀，一个典型的上海男人。我本来不喜欢清秀的男人，但是他略方的嘴角给他带来一丝坚硬，他的笑容只是出于礼貌而不带讨好、谄媚、谦卑等其他内容，让人感到很舒服。

我站立起来，达远客气地向我点了点头，我们重新入坐后，尔娟对达远说："这是我的朋友，智力测验，你猜猜她是谁？"达远看了我一眼，眼睛又转向尔娟说："培敏。""猜的不对！你就知道培敏，我给你讲过我那么多的朋友呢，你再重猜。"这次达远没再看我，仍旧眼睛看着尔娟说："培敏！"只不过语气更加坚定。尔娟立刻激动地把双手拍在达远的双肩上蹦起来，笑着说："太厉害啦！你咋知道她就是培敏呢？！"

尔娟见到达远就象铁针被磁铁吸住一样，眼睛分分秒秒都盯在达远脸上。不爱说话的她不知从哪里来的那么多话，说起没完，全然忘记还有我这个老朋友在身边。她真不是一般的重色轻友。好在电影放映的时间快到了，否则我真要找借口离场了。

看完电影，想到如今变得如此喜气洋洋的尔娟，我真服了爱情的力量。一向忧心忡忡的尔娟竟因心情的愉悦而出落得更加美丽，过去那个沉静中带着一些抑郁，像荷花般清纯、恬淡、低调的她如今多了几分坚韧、活泼、甚至王者般的自信。她犹如玉兰，贵而不傲。奇怪的是她在达远面前却象个孩子，调皮又任性，那双眼睛也变成了一付媚眼。事后，我常用"风情万种"嘲笑她。

现在和尔娟见面，我们再无别的话题，尔娟总是讲着她和达远的故事：

一次尔娟和达远逛商店，尔娟刚一谈到南斯拉夫的总统齐奥赛斯库如何如何，立刻被达远强行拉出商店，达远面对一脸莫名其妙的尔娟很严肃地说：

"同志：你犯了巅覆国家政府罪，齐奥赛斯库是罗马尼亚的总统，铁托才是南斯拉夫的总统。"被拉出来的尔娟一下子从晕头转向中醒过来，哭笑不得，对着达远拳打脚踢。

每次约会，达远都要等尔娟一个多小时，因为他总是提前半小时到，而尔娟总是迟到半个小时。时间久了，达远就踩着规律，不再早到了。这回，不知何故尔娟突然感觉自己有些过份，居然提前到达了，没想到她到了达远却没到。看到从远处走过来的达远，尔娟立刻装哭，这下可吓坏了达远，以为有坏人欺负尔娟了。看到他着急的样子，尔娟居然真掉出了泪水，她边哭边说：

“我都等你十分钟了！”达远一听哈哈大笑：

“你等我十分钟就哭成这样，那我每次等你一个小时，你告诉我，我该如何哭啊？！”

当尔娟把自己这些年所受的苦水全部倒给达远听后，达远心疼得胡言乱语， 一会儿要当尔娟的父亲，一会儿又要当尔娟的哥哥，他不知怎样才能偿还尔娟这些年失去的宠爱。

尔娟很深沉地对我说：“过去我老是抱怨命运对我不公平，但自从认识他以后，我觉得过去所有遭的罪、受的苦都值了。你在信中说‘冬天掳走的一切，春天都会还回。’我觉得他就是那个春天。”

面对沉浸在幸福中的尔娟，我告诉自己：应该去寻找属于自己的“春天”啦。

我两次以学徒期间不可以搞对象为理由拒绝了我家对面王大哥的提親，因为那时我的心思全在赵长春身上。王家大哥和我妈妈是忘年交的朋友，我们俩家窗对窗，两窗之间只隔一条小小的马路。夏天，如果大声说话相互都可以听到。

他有个弟弟是清华大学毕业生，虽已分配到吉林石化公司，但暂时被北京石化公司借用。那天他在北京借用结束要回吉林报到，顺路到沈阳看望家人和他哥哥。他哥哥始终挂念着这门亲事，就把我妈妈叫到他家看他的弟弟。当我周末下班回到家里，我妈一迭声地赞美说：大高个，有一米八高，长相不错，最主要的是谈笑风声。我没搭话，不知怎的，我提不起兴趣。

可是没想到，几天之后，他给他哥哥的信里却带给我一封信。我一想坏了，我妈一出场，他肯定会把我想得非常美丽。因为妈妈确实很美，即便在文革期间，她仍以出身书香门第为荣。年青时，她到长春电影制片厂去玩，那些电影演员都说她长得这么漂亮应该当演员。我很欣赏妈妈的那种知性美，但是和妈妈相比之下，我实在自愧不如。不过一看信，我倒放心了。信很短。第一句就说："前几天，哥哥给我的信中邮来了你的两张照片，我都收到了。其中哥哥也向我介绍了事情的经过，我觉得很有意思，富有戏剧性。"我立刻问我妈："妈，你什么时候把我的照片给他们家啦？"我妈显然有点不好意思："那天他哥哥到咱家，向我要你的照片，我就随便给他找了两张。"虽然我妈说得很轻松随便，我明白一定是我妈和他大哥俩人设计的结果。信中又说："暂时我们的相识还仅仅是照片上的，不过，我以为不管以后的结果怎么样，我们互相认识，交个朋友也有益而无害的。哥哥、嫂子和你们是邻居，彼此之间也有些感情和了解，所以，对于我们来说，达到互相了解也起到很好的作用。当然，象这类事情需要双方的慎重，因为它关系到今后的几十年。最后的结果还需要我们自己来决定……”

我真不想回信，尽管我告诉自己应该去寻找自己的春天，但是我的心思仍然无法从赵长春身上移开。妈妈不停地催促我写回信。可我总心存不甘。

此时，赵长春的第三梯队的培养计划已经开始，他已不在物理实验室，提拔到实验厂当厂长去了，而且还听说过几天就要开他的入党审查会了。我突然想到：上级领导想让他当官，可他自己愿不愿意啊？如果他本人不愿意当官，我就不算耽误他的大好前程。这样，我们还是可以在一起的。

抱着最后一丝幻想，我来到西院的实验厂，它和东院的研究所仅一条马路之隔。实验厂是个小平房，我走过摆放着车床、铣床、刨床等机械设备区，来到他的办公室，他的办公室位于厂房的最里边。看到我，他显得有些兴奋。

问我：“你怎么来了？”

我没接话，直接开始试探，“行啊，当官了！我发现你挺官迷啊！”

“男人嘛！”他未加思索地答道。三个字，他轻松地说，可是落到我的心中却似沉重的炸弹，把我最后一点幻想全部炸得粉碎。

在往回走的路上，我不停地骂自己蠢，他怎么能不爱当官呢？他大我四岁，比我晚两年上学。一上学就是小班长，之后就是大队长，初中是团支部书记，高中是学生会主席，文革是红卫兵团副团长，下乡竟升为公社一级的干部。他一直享受着人们对他崇敬。这年头谁不爱当官啊，别说男的，连女的都挣着抢着要当官。劳心者治人，劳力者治于人嘛，谁愿意治于人啊？什么叫有出息？有出息的标志不就是当官吗！当官就是人上人啊！没听说官大一品压死人吗？！

回到家，我下定决心彻底结束自己的暗恋，我乖乖地拿起笔开始写回信，我写道：

王友德：你好。

现在素昧平生的通信意味着将来的什么，我不知道。不过写这类信在我有生22年来还是第一次。

从你哥哥身上我推断出你的影子，虽然不靠实但却是委实不错的影子。

我同意你信中的观点，对于人生中这样极为重要的一步，确实应该“慎乎所慎，不可不思”，今后的几十年如何渡过，怎样来安排，在很大程度上取决于未来那位不可知的共同生活者。所谓“立身成败，在于所染，兰芷鲍鱼，与之俱化”。

关于你工作分配问题，听到一点，有一点看法。职业是大事，对上面的决定，既不能奴颜媚骨，又不能以卵击石。总之要留有余地，不要弄成僵局。假以时日，徐徐扑之，未为晚矣。以上几句，可能班门弄斧，僭越本份，但考虑到旁观者清，当局者迷。不免多说两句。

祝好！

陈培敏

这封信寄出后，我很快收到他的回信，这次他写了四页纸，很实在地作了个自我介绍：

培敏：你好。

我们没有见过面，我给自己的写照是貌不压众，才不惊人，却又戴上了一顶知识分子的帽子。一段学生生涯，旧教育制度培养出的最后一期大学生，让我沦为臭老九、再教育的对象，想逃也逃不脱，只好认了。

在政治上，我肯定是没有什么作为的，想象到以后也该没有多大出息，学术上又没学到很多的东西，貌似强大，内心空虚。生活上连个对象都没有，可能人家都瞧不上我这号人。所以我总觉得自己不行。不是说假话，我的确是这样想的。

我的这种想法带来了改变现状的要求，总感到人生只有一次，仅仅一次，所以不应该浑浑噩噩、碌碌无为。起码我们必须努力比一般人知道得多些、强些，争取受到人们的尊敬而不是耻笑。

两年多的社会实践使我感到理想和现实是两回事，现实生活破灭了美妙的理想，最近的工作分配就是明证。开始让我去材料科当材料员，我总觉得技术性差一些，不愿意去。结果被惩罚了，让我去当钢筋工。当然表面上说的不错，说以后有适当的位置再考虑，我也信以为真。现在才觉察到是给我点颜色看看。此事给我的打击不小，加上食堂办的很糟，自觉瘦了不少。唯一的收获就是长了心智而已。你对我的劝告使我深受感动，虽然这是生活道路上的小小波折，却不能不引以为鉴。

最后他写道：我的信发出后，迟迟没有收到你的来信，我一直在想廖廖几行字也许引起了什么麻烦？其实是多虑了。所以，你的来信确实给了我不小的激动。

那个时代的人说起话、写起信来，多是豪言状语，每个人似乎都被革命口号包裹着。这封信全然没有大革命时代，人人都“可上九天揽月、可下五湖捉鳖”的气概，实实在在地讲了他的处境、他的问题、他的无奈。我相信这封信给我们研究所的任何一位女知青看，都会嗤之以鼻，然而它却打动了我。我天性爱管闲事，喜欢排忧解难的事。尔娟给我起个绰号叫“困难中亮相”，那时八个样板戏讲究“亮相”，她就用“亮相”一词代替了出场一说，即别人一有困难，我就会出场的意思。因此，文革中我交了很多走资派子女的朋友。

现在显然他被领导挤到了墙角，这让我想都没想，立刻给他回了封信。信的内容大致说他的信让我想到自己刚下乡时的绝望，那时恨不得投河自尽。但是既生就要活，我最终还是想明白了，是自己太软弱。既然改变不了环境，只好改变自己。其实所谓要有韧性就是要增强人抵抗外部环境的能力，农村的三年经历让我相信“天无绝人之路”和“成事未必不由人”，使我相信万事都在不断转化，每个黎明都在最黑暗的时刻出现。所以，不必把眼前的挫折当回事，一切都会过去的。当我们经历了一切都该经历的，我们对命运的掌控能力就会越来越强大。

在接到我的第二封信后，他立即决定来沈阳见我。他说开始他不相信第一封信是我本人写的，把信给同宿舍的清华大学的同学们看了，大家也都认为不可能出自一名高一学生之手，绝对是别人捉刀代笔。第二封信因为写的是亲身经历和感受，他认定是我亲笔写的。他说我的两封信把他给枪毙了。

见面地点由他大哥定在中山公园和中华剧场中间的小广场处。下午2点，我如约到达那里，只见一个身穿一套很旧的褪色的黑衣及一双旧皮鞋的男生靠在一辆破自行车上，一副无采的样子。我失望极了，只看了一眼，转身就往回走。“这不是余永泽么！”我分明听到了自己心里的声音。

余永泽是当时非常流行的一部小说《青春之歌》里女主人公林道静的的前夫。在全民抗日的热潮中，他不问国事，整天埋头于书斋中，一心考虑今后自己的出路问题。他害怕自己的妻子因参加革命而遭遇不测，因此极力反对妻子从事革命。其实做为普通百姓这也无可非厚，但在卢嘉川、田华大义凛然的形象下，余永泽成了“懦弱”的符号。在全民崇尚英雄的时代，我毫不例外地喜欢稳重、庄严、有英武气息和震摄力的男生。

我不很确定他是否就是王友德但心里想：

“即使是他我也不看了！”我转身就走，还没有等我走出几步，他已推着车子奔到了我的身边问道：

“你是培敏吧？”我未置可否，他说：

“我是王友德。”我仍未吱声，他说：

“我们沿着路边走走吧。”

“不行！沿着路边走，容易被公交车里的人看见，我们学徒期间是不可搞对象的。”我有些着急地说。

“那我们进公园吧。”他说。

在公园里走了一会，他看见一张椅子便说：

“我们坐一会儿吧。”随即从裤兜里掏出一条手绢，铺在椅子上，让我坐。这个场面我从未经历过，不由得有点受宠的感觉。接着他从上衣兜里取出一封信给我看，是他的同班同学写给他的，这位同学讲他已找到了女朋友，并说找女朋友只要有双明亮的大眼睛就行了。我五官里只有眼睛常受人赞美，看来他是想通过这封信说明我符合他的审美观。

一直是他在找话说。他说，他过去找对象有三个不见：一不见两地的，因为调转比登天都难；二不见沈阳的，因为婆媳关系不好相处；三不见介绍的，因为不是自己认识的不了解。听到这里，我心中暗自好笑，不由得问他一句：

“那你怎么还到这儿来了？！”他有些不好意思地说：

“因为遇到了你。”

我们又聊了一会儿工农兵学员，他说：

“不是我瞧不起他们，都是面包，发面发起来的，徒有大学生的名义。”我说，我差点就被选为工农兵学员去大连外语学院上学了。各科室投票的结果，我的票数最高，但因政审不合格，改由一个贫农家庭出身的人去了。这个人说她最烦背那些英文字母，一想到要去念书，就发愁，痛苦得不得了，觉得这简直就是让她遭罪去了。她跟我说：

“要是你能替我去，该多好！”我心里想，我祖上如果有“德”，哪轮到你去“遭罪”，早该我去了。谁让我上一辈的亲属都在城里混呢。如果在农村混，为了活着顶多去给地主打工，那今天就有“德”了，就成了被剥削阶级，自然就成为根红苗正的红后代了。可偏偏我所有的亲戚都在城里混。为了活着就得找工作，也就是为反动政府服务。如果再要点强，干得好一点，一步步升上去，就都成了历史反革命。为了让这些反革命世世代代不得翻身，就不能让他们的后代受教育。所以，我就不可能成为工农兵学员。

我说出了我的遗憾，友德说：“没什么遗憾的，我们清华就是工农兵学员的试点单位。七零年就开始招生了，和以前的大学招生不同之处就是：没有入学考试，只要是政治清白工作超过三年的工人或种地超过三年的农民，都可以上大学，不受文化程度和年令的限制。不过教授实在无法教这些学生，他们是1/2+1/2=1/4的学生，教他们微积分，怎么能听得懂呢！但教授啥也不敢说，因为工农兵学员不但是学生，他们还有个光荣任务："上大学、管大学、用毛泽东思想改造大学"。他们能改造个啥！还不是工宣队、军宣队说了算。他们也学不到啥，整天净开大批判会，再不就挖防空洞，有时还搞野营拉练。没正经事，纯属瞎混，就是背了个大学生名而已。"

因为没看上他，我无意多聊。他把我送到有轨电车车站，我刚要上车，他把我喊下来说：

"咱俩都见面了，别再用大哥来回传话了。你明天有时间吗？"

"没有。"看着他脸上浮现出的失望表情，我补充了一句：

"明天我们去农场劳动。"其实农场劳动就在研究院的西院，也就是实验厂的那个院里那片空地。那时什么都凭票供应，领导经不起员工的压力，都设法开荒种地和养猪等，以此为员工谋些福利，分些猪肉、土豆、地瓜、白菜等。

"我这次回来只请了四天假，希望我们能多接触接触。那么后天晚上7点，我在你家附近的小白楼等你，行吗？"他说。我点了点头，踏上驶来的电车。

回到家，我妈赶紧问我：

"怎么样？"

"什么破玩意儿！"我没有好气地回答。

“怎么破玩意儿呢，人家清华大学毕业，清清秀秀的，我看比你强！”我不想跟我妈再说了，在她看来谁都比我强。这时，王友德的嫂子来我家了，一进门就问：

“我家老二看上没？”我一听气不到一处来，没搭理她，我妈接过话说：

“刚到家，这不正一口一个破玩意儿地说着呢。”我妈跟她们无话不谈，竟把我厌恶的原话给说出去了。她嫂子说：

“破玩意儿，咱家二小叔是我们老刘家全家的骄傲，当年考清华全市就考上了五个，就有咱家一个。多出类拔萃啊，怎么变成破玩意儿了？！”我妈用手朝我这边一甩说：

“没正形，别理她！看看你家老二咋说？”他嫂子感到十分不解地走了。我还生着气说：

“什么‘我家老二看上没？’我撇着嘴，模仿他嫂子说话的腔调。

“好象她家老二是个什么人物似的，真受不了！说话真够烦人的！”我坐在床上，有一句没一句地发泄着我的失望和气愤。

不到一个小时，他嫂子又来了：

“我家老二在小白楼那儿等你呐。”

“我不去。”我执拗地说。我妈一听急了：

“这孩子越来越不懂事了，怎么能不去呢？赶快去！”不得已，我拖着沉重的脚步向小白楼走去。

快走进小白楼时，只见一个高个儿，穿着白衬衫，米色裤子，腰间扎着皮带。他一只手叉在腰上，来回镀步，很有些大学教授的风范。我眨眨眼睛，仔细一看，这不是王友德么？怎么像变戏法似的？刚才还那熊样，这回怎么这么潇洒了呢？他看见了我，向我走来。我问：

“你咋又来了呐？”

“我来是想向你说明，我知道大哥家和你家关系好，你千万别为此为难，千万别勉强。”

“你也一样，千万别勉强。”我只能这样回答。这回他好象在家备了课，讲了很多我没听过的，发生在清华校园里的故事。

清华大学和北京大学几乎是领导全国学校造反的两所学校。我们学校的大字报大多是转载清华大学的，因为都是去北京串联的学生抄回来的，所以大多零乱而支离破碎。这些大字报勾起了我对清华大学的好奇心。我问他“你见过王光美吗？”他说：“见过几次。她在七饭厅讲过一次话，在食堂给学生们服务，为学生打过一次饭，被批斗时又见过一次，一共三次。”我问被批斗时真给她戴乒乓球做的项链了么？”“戴了，不过我还是挺佩服她的，自始至终不软，也没说过刘少奇一句坏话，还是很有气节的。”我问“你是哪派的？”他说：“我基本上是消遥派，尤其是武斗开始以后，我立刻回沈阳不跟他们扯了。其实都是上面在斗，我们底下的就是瞎起哄，充其量是被利用。一说蒋南翔是黑帮，几天的功夫大字报就铺天盖地，所有的墙壁都贴满了不算，搭了很多的席棚子也全都贴满了，就连马路两边的地上也贴满了，全是揭发蒋南翔罪行的。其实蒋原来在师生中威信是很高的，但是既然毛主席认为是资产阶级统治了我们的学校，他注定就得被打倒。”

“对！‘五．七指示’，‘学制要缩短，教育要革命，资产阶级知识分子统治我们学校的现象再也不能继续下去了’。”我不失时机地把毛主席语录背诵出来。”

“党委、校长废了，刘少奇就派工作组进了学校，估计他也不知道毛怎么出牌，可能挺害怕的，就把老婆安插在工作组里了，名义上是普通工作组成员，在工化系蹲点。其实是为了幕后操纵还是为了掌握情报，咱就不知道了 。”我问：

“你是没资格参加红卫兵还是不想参加红卫兵？”

“刚开始也参加了，但后来一看太吓人了，我也没提退出，就是什么活动都不参加了。正好，后来全国大串联，我就跟着狗胜子——我给你看的那封信就是他写的——我就跟狗胜子一起串联去了，没花一分钱把大半个中国都走完了。”他带着捡了大便宜的神情说。

“怎么个吓人法？”我把话拉回来。

“你知道学生的行动都是根据《人民日报》社论走的，六月十八日《人民日报》发表社论说：‘必须采取彻底革命的办法，必须把一切牛鬼蛇神统统揪出来，把他们斗臭、斗垮、斗倒。’又说‘对群众运动采取什么态度是支持还是反对，这是区别革命和反革命的一个极为重要的标志。’可能受这篇社论的影响，工化系的蒯大富就贴出了大字报《工作组往哪里去？》主要是声讨工作组进校后大字报数量下降，左派不香，右派不臭，在依靠谁的问题上，工作组犯了严重错误。一时间，贴出很多大字报赞成蒯的观点，把矛头指向了工作组。

但工作组手中有权，就效仿五七年反右斗争的“引蛇出洞”，用贺龙的儿子贺鹏飞把蒯大富引出来，搞了一场辨论会。会上鼓励大家递条子，听说递了1000多张条子，有200多张被工作组定为反动条子，还有800多条子没有署名，工作组就追查没有署名的条子。辨论会后把蒯大富定为反革命，还让各班揪蒯氏人物，揪出来的都定为反革命分子，没收这些人的日记，并加以审查和隔离看管。当时是很吓人的，反革命帽子满天飞。我一看，这可不是好玩的。反革命，多大的罪行啊！戴上这顶帽子，一辈子就完了！可这顶帽子就是工作组的一句话，他说你是反革命你就是反革命，其实就是反对他就是反革命。

薄一波身为副总理也来清华给工作组站脚助威，说‘蒯大富不是夺清华蒋南翔（校长）的权，而是夺工作组的权，工作组是党派来的，因而就是夺党的权。’这下子大字报几乎又都是反蒯的了，各系还都出来游行，高喊口号什么“用生命保卫工作组”“反对工作组就是反党！”“打倒反革命分子蒯大富的猖狂进攻！”我一看，没劲，别跟着瞎掺和了，对错也没个标准。”我问：

“那蒯大富后来是怎么起来的呢？”

“其实，根本没有对错，就是谁权力大的问题。八届十一中全会是8月1号召开，8月12号结束的。中间8月4日晚上，除了毛主席、刘少奇以外，几乎所有开会的领导都到我们清华來了，近百辆小汽车，一辆辆开进来。一听大喇叭喊开会，我们就往东大操场跑。主持会场的是李雪峰，北京市委书记。其实，毛主席就是让这些干部看看工作组是如何挑动群众斗群众的。其中一项就是让蒯大富发言，大家齐声喊“把他轰下去！”“打倒蒯大富！”但是李雪峰却劝阻大家说：‘大家静一静，请让蒯大富同学把话说完。’大家马上懵了，不是反革命了？变同学了？但是各种谩骂的条子依然传到蒯大富的手里，蒯大富的书包塞得鼓鼓的。蒯大富讲完后，没人鼓掌，只有周总理鼓了掌。

之后周总理讲话，他说毛主席这次的斗争目标是斗倒走资本主义的当权派，批判反动学术权威，改革教育制度。现在工作组把斗争方向转到斗争学生上来了，显然是大方向错了。对蒯大富同志我是主张解放的，平反的。”大家一听全傻了。其实，直到今天大家才看明白，毛主席是要通过红卫兵打倒刘少奇，而刘少奇的老婆进来就搬了道岔子，让工作组斗争红卫兵，是不是为了保护刘少奇就不知道了。”说完了，他看了一下表，说：哇，太晚了，我赶紧送你回家。你爱听，下回再聊。”

我妈看我回来很晚，显然很高兴。

四天过去了，他走了，似乎把一切都带走了，只留下清华大学的故事。我有些迷茫，就去找尔娟。她正在大厅和一个人说话，见我来了，就马上把那人打发走，把我领到她办公室。

“处得咋样？”她直夺主题。

“咋办啊？爱不起来！他在时，给我讲点清华大学的故事，还算有聊的。他走了，我连他长啥样都忘了。”

“也好，省了相思苦。”她嬉皮笑脸地说。

“别拿我寻开心，我不想处了。”说完就一头扒在办公桌上。好久，尔娟说话了：

“别不处，你现在不爱他，不是他的原因，是因为你心里还装着赵长春。你既然不想跟赵长春处了，那就彻底把他从你心里清出去算了。”

“我想清出去，他不走啊！你有什么好办法呢？”

“其实我跟你不一样，我并不怎么爱李爱党，我只是不想受歧视，想改变政治面貌，想让自己的孩子有个好出身，将来有出息而已。所以跟他吹了以后，我并不想他，我只是觉得受打击，觉得自己连二等公民都不是，好象身上一点尊严都没了。有一阵子，我就觉得抬不起头来。我是因为这些事难受，而你是放不下。”

“我怎么这么倒霉啊，他怎么一下子就进来了。”我指着脑袋说。

“仔细想想，你这‘一下子’，也就是看个外貌呗，其实是你喜欢他的外貌，那玩艺儿能当饭吃吗？”

“也不是，我看到赵长春的第一个反应是高连长，他果真稳重慎言，有领导素质。这个王友德，我第一反应就是余永泽，果真懦弱胆小，清华大学文化大革命搞得多轰轰烈烈啊，他就是溜边不靠前，只求安全。”

“你不也没靠前么？”

“那不一样，我是别人不让我靠前，没资格靠前，我自己是想靠前的。”

“懦弱也好啊，他会听你的啊，在家里，你是一把手不挺好的吗？”

“尔娟，我才发现你还挺会劝人的呢。”

“找个出身好的吧，你不愿意害人家，找出身不好的就只能找大学生了，否则，无德又无才，赔大了！”尔娟真见成熟了。

“倒是这个理，看来我只能找他了。”我心里不再是一团乱麻了。

王友德来信了，他心里充满了担忧。他说：在我们接触的短短几天里，你给我的印象很深刻，但是我都是冷静地克制自己，因为我不想把我的意志强加于你。选择生活伴侣不能强求，不应该一厢情愿，否则带来的是痛苦而不是幸福。我总担心你有些话不敢说，因为你连看都不敢看我，这更使我感到不安。我还要啰嗦一次，不要考虑大哥和你家的关系，我们的事情我们自己作主。他又说：回来后，晚上觉都没有睡好，这在我的睡眠史上是罕见的，从心底涌来的感情之潮来势之大，我无法抵挡。但我忧虑我有可能使你成为‘失去生存意义的人’，因为最了解我的还是我自己。不过，一个人的品质是用金钱买不来的，对于我选中的未来的生活伴侣，我将给予她的是忠、爱二字，这是毫不动摇的。”

44. 迟到的表达

已是十一月初了，尽管天气已经很冷，但供暖必须从十一月十五日才开始。我正在办公室里端着肩、踱着步、搓着手，赵长春穿着深灰色的夹克拉开门走了进来，一股寒气追随涌入。他一边落坐在靠门边的我的坐位上，一边问“你师傅呢？”“在别的室吧。”我一边回答，一边坐到对面我师傅的坐位上。他顺手拿起我桌上的钢笔，一只手拿着笔，另一只手在下意识地转动着，他的手似乎轻轻地抖着。我不知他为何表现得如此局促，但我不想问，我等待他自己解释为什么到我这里来。沉闷良久，他转动笔的速度越快越快了，忽然他吐出一句：“常铁生说：‘你和陈培敏不是很合适吗？’”他的声音有些颤抖，甚至有些慌乱。好象这句话耗尽了他全部的勇气，他低下了头。啊，他终于表明了。这一刻，我等得太久，盼得太久了。我真不知是什么让他鼓起勇气来表白的，是常铁生的鼓励催促，还是我们好久不曾相见。所有之前的猜测和怀疑，此刻都云消雾散，那些书中红笔线就是他画的，他是爱我的，也可能象我一样，他也一直在暗恋，而且刻骨铭心。我本该兴奋，本该激动，但内心涌上来的却是悲凉。几百年前王实甫就喊出“愿天下有情人皆成眷属。”可是今天明明双方都深爱着，却有一座人为的，无形的、无法逾越的高墙挡在中间。我楞了很久，一句话没有说。他抬起头，眼睛红红的，追问一句“你说呢？”声音极小，但我听到了。我眼睛瞬间也湿润了，好在他又低下了头。我知道他在等待我的回答。可是我能说什么呢？我说我们是不能结婚的，结了婚你的大好前程就会毁在我的手里。这话能说吗？不能！我说你表白得太晚了？不，不晚，幸亏这么晚才提出，让很多事情都已成定局，他入党了，提干了，被定为局里第三梯队接班人了。我一路跟着调整自己，经过在内心的狂风巨浪中上下挣扎，终于筑起了堤壩，把感情的潮水挡在了里面，一切归于风平浪静。我好不容易走了出来，你现在却来向我表白。我真想接起这抛过来的红绳，可是，能么？不能！不能一冲动就再回去了，冲动是魔鬼，我告诫着自己，我想到那几个留学日本的被人称作特务的舅舅，那个至今还关在监狱里的姨夫，还有……。

我有些恨他们，但恨他们什么呢？你不也是一心想入团么？那姨父年青时想入团也无可厚非啊，只不过他有官运，一路做到大连市三青团书记，成为历史反革命。舅舅也一样，他们留学了，开了眼界，选择适合自己生活的地方，也无可厚非。只不过选择地点不好，台湾、日本、美国都是敌人住的地方。想来想去还是自已的命不好，如果我生在一个工人家庭……唉，没有如果。耳边响着陆放翁撕裂般的呐喊："锦书难托，莫、莫、莫！"我新、旧社会来回地想着，咬紧牙关不让自己说出一个字。他一直默不作声地等待着我的宣判，足足等了40多分钟。最后，他站起来，一句话未说，走了。我知道他一定非常痛苦，而我又何偿比他好过呢。

45. 初识“余永泽”

转眼新年到了，王友德提前一天回到沈阳，约我6点半在我家附近的云峰车站见面。那时谈恋爱无处可去，只有一个场所可用，就是马路。所以那时把谈恋爱统称为“压马路”，意指谈恋爱的两个人就象压道机一样在马路上来来回回地压。他见我走过来立刻伸出手，表示要握手之意。我立刻把手背到身后，表示不想握手。用他后来的话说，给他讪得一脸大泡。我们肩并肩地开始压马路。虽然天气很冷，但穿着棉袄棉裤，加上走路，也不觉得太冷。我们开始先谈了一会儿分别后的各自情况，然后他突然问我：

“你为什么不敢看我呢？”我想都没想地说：

“不是不敢看，是不想看。”

“为什么不想看呢？”

“你的眼睛长得太阴险了。”这句话刚说完，他就哈哈大笑起来，我自己也觉得这话说得有点儿太实在了，便偏过头去偷笑。他趁机扳我的肩膀：

“你肯定没好好看过，这回你好好看看，看看确实阴险么？”他见我执意不肯转过头来看，就把扳我肩膀的手顺势搂住我的肩膀。

“你说这话其实是在夸我，我身上最缺少就是这两个字，我真希望我可以阴险一点，哪怕一分也好。”

“不光眼睛阴险！……”没等我说完，他把搂我肩膀的手松开，站下不动，惊讶地用无比夸张的语气喊着：“啊？还有呢？”看他那故作大惊小怪的样子，我乐了。

“没事，受得了，快说，我洗耳恭听”，

“我觉得你特象余永泽。”

“余永泽不好么？”他问，

“余永泽不好，他是反面人物。”我以为他没看过这本书，特意指明。

他说：“我几乎不看小说，但《青春之歌》这本书我还真看过。说实话，我真挺喜欢余永泽的。人有专攻，各有所长，他不喜欢搞革命，他胆子小，也不适合搞革命，但是他一心钻研学问，我觉得很好。我不觉得他是反面人物，他是一个很正常的知识分子。杨沫非要把这样一个正常的知识分子塑造成反面人物那就没办法了”

“那你是余永泽么？”

“是，以后会是。我对现在的这些革命行动不感兴趣。

哪有这样的，报纸社论刚一号召批判反动学术权威，也不进行调查，立刻就把一级教授都拉出去批斗游街，戴着高帽子，拳打脚踢，都多大年纪了？！不说他们都是学富五车的国宝，就是人家这个年令也不该这样对待人家。不能说只要是一级教授、是学术权威就一定反动吧？！还讲不讲点道理了？！我弄不明白，也不理解。所以我知道自己搞不了政治，只能靠技术吃饭，好好钻研业务，再学一、二门外语，别无所求。这一生能仰不怍于天，俯不愧于人，就很好了。”

从来没有听人说过这样的道理，我听了倒觉得没什么错。一辈子不整人，不害人，以一技之长服务国家，也不失为出身不好者的一条出路。余永泽就余永泽吧！

他只呆了三天，就又得回去了。那时人们的生活都很拮据，为了能和我呆上两三天，他花钱买车票，确实令我感动。但他一走，我仍然又把他忘了。

自从决定不再暗恋赵长春以后，我失去了争取和他坐同一班车的动力，搬进了独身宿舍。由于心情不好，我想回铁西区去找朋友聊聊，太久没有见到她们了。我踏着自行车向家骑去，想想自己爱的，却不能去爱，自己不爱的，却要求自己去爱，心里实在觉得委曲，不觉掉下几滴眼泪。

饭后，我首先去贺文佳家，因为她家离我家最近，走路只需六、七分钟。文佳一见到我就叫起来“正愁找不到你呢，这下好了，自投罗网来了。”

我问："啥事找我？"她飞个眼神给我，我明白了，大概是有对象的事要和我谈。我们谈心里话都不在家里谈，而在外面压着马路谈，我妈称为"拉拉狗"。

果然是个难题：三天前一个男生手捧鲜花（文佳称之为出洋相）找到文佳所在的木材厂的收发室，询问有个姓何的小姑娘吗？收发室的大爷说："姓何，我们这里没有姓何的。"那个男生就走了。过了一会儿，那个男生又回来了，说："大爷，这个人肯定在你们厂子里，是调回你们厂的知青，长得很漂亮。""哟，那人不姓何，姓贺。""我可以见见她么？"文佳听说有人找她，就从车间跑到收发室，见到那人，文佳完全楞了，说："我不认识你啊。"那人说："是的，我也不认识你，你还有两个小时下班，我在这儿等你，等下班后我慢慢跟你谈。"

原来这位男生要出國，可是出国之前必须结婚，按规定，单身人士是不可以出国的。

"还有这种规定？为什么单身人士不可以出國？"我好奇地问：

"怕滞留不归。"

"怎么可能滞留不归呢，外面的人民都生活在水深火热之中，谁愿意留在水深火热之中啊？！"我们从小就被教育要解放全人类，因为除了社会主义阵营之外，世界上其余三分之二的人民还都生活在水深火热之中，衣不蔽体、食不果腹。

"好象他去的国家并不穷。"文佳说。

“那你觉得这个人行不？”

“还行。”文佳迟疑地答。

“那就处处吧。”

“没有时间处了，如果同意，半个月内就得结婚，然后按已婚人士上报，履行审批手续。”

“哇，那太吓人了！没感情怎么结婚啊？！”我大惊小怪地叫道。文佳也说是有点吓人。我开始给她分析，结婚是终身大事，尤其是对女孩子来说更是。这样一件大事，只为了成全某人的出國，草草了事，我觉得不值。文佳听完，似乎觉得放弃机会有些可惜，

“他各方面的条件倒还不错。”

“不错不等于合得来啊，只有相处以后才知道合得来还是合不来啊，光条件好，合不来也不行啊！”我特敢给别人出主意，就这样，那个要出国的男生倒在了我的枪下，文佳决定明天就回绝那个男生。

文佳开始问我：

“你那个高连长咋样了？”我说彻底结束了，然后我又开始讲王友德的情况。我说他很象余永泽，一个男的还挺柴米油盐的。听后，文佳说：

“我觉得你这个人有毛病，我得离你远点，过两天你还不把我当成戴愉（《青春之歌》里的党内叛徒）了。”对于我爱用文学作品里的人物和生活里的人物对照，文佳素来很有看法。

“不能！”我坚定地表示。

“戴愉是男的，你是女的，男女我还是分得清的。”我说。

说笑归说笑。文佳认为王友德胆子小，柴米油盐都不是毛病，

她说：“这年头，胆小倒是好事，我爸胆小，啥话都不敢说，挺好，全家平安。柴米油盐也不算毛病，你，油瓶倒了都不扶的人，还真需要找个过日子的人。总不能两个人都天马行空的在天上飘吧？！”不过，她认为两地分居不好，现在人口控制得这么严，小城市往大城市调，根本就没有可能，没人愿意两地生活。

不过，这类问题根本就不进我的脑袋，我很少考虑实际困难。用文佳的话说：“在天上飘着”。

还好，文革中我结识的走资派子女，文革后都成了高干子女。在她们的帮助下，不到一年的时间就解决了我们当时牛郎织女天各一方的问题。不过，真是后怕，那年，从小城市调进大城市我们是沈阳市唯一的一例，中间的曲折自不必说了。当然这是后话。

第二天是周日。吃过早饭，我就去了小芳家。小芳妈妈见到我很是兴奋，问长问短。小芳问我：“我想去铁百，你想去不？”我明白这是想和我出去聊的意思，我当然说：“想去。”小芳已有了男朋友，父母都是被解放了的走资派。两个人原来都是局长，现在都官复原职了。小芳现在在

一所中学里教书，虽说没成大学老师，但也算是老师了。我问小芳对这个男朋友满意吗？

小芳说："还行吧，其实我喜欢男人野性一点，这个太文质彬彬了。"

我说："我也是，我最向往的爱情是其中能够含有一丝敬仰的成份，"小芳则不同意，她说，只要一起生活了，敬仰就会消失，就不可能再敬仰了，再说仰着脖子生活，太累！"

中午，在小芳家吃的饭，饭后，我们一起去高琦住的独身宿舍。高琦和老万已订婚了，双方正在筹备结婚。高琦和老万的父母都是辽宁画报社的员工，现在都走五·七道路，仍在农村。原来的房子早已分配给了别的人家，害得高琦和老万回沈之后，只能住在单位的独身宿舍里。见到高琦，我问：

"结婚的日期定下来没有？"高琦说：

"这不正在借房子嘛，借不来房子咋结婚？"说完冲着我说：

"培敏，找对象可得找有生活能力的，老万这样吃粮不管穿的主，啥事也不管，全等我张罗呢。真受不了。"

我说："现在讲革命化婚礼，买点糖块、瓜子招待一下大家就可以了，你也别整得太复杂了。"

"培敏，老万跟你一个观点，你们都不是过日子的人。你说，叫个家，锅碗瓢盆得买吧；床上的铺盖也得买吧；结婚准得穿套新衣服，得买吧；要买的东西可多了，他全不管，全我一个人张罗。”

我又问了一下梅怡的情况，因为她早已从下河泡调到她妈走五·七道路的地方--开原了。虽说离城市更远了，但毕竟一家人团聚在一起，而且她还在那里找到了她的白马王子，开原京剧团的大提琴手，也是知识青年。据说两人天天演十里相送，他送她到家，依依不舍，她又送他回去，他不放心又坚持再把她送回去。这样往返不知多少来回。偶尔男方回沈阳过年过节，梅怡都哭成个泪人似的。高琦晃着头说：“受不了。”

走出独身宿舍，小芳对我说：

“两人工资加起来才42块钱，这日子够高琦过的。”我说：

“好在，明年我们都出徒了，可以拿38．6元的工资了。”那时参加工作都是从学徒工开始，第一年工资17元，第二年19元，第三年21元。三年学徒期满，转成正式工人，工资为每月38．6元。

晚上，我到了孔姨家，得知于非也处了男朋友，他是孔姨手下的一名转业军人，很有素质。

这一圈访友结束，心里倒不太难受了。要说过日子，那个“余永泽”真比我强。

46. 等你到结婚

春节到了，友德又是按假期提前一天回来。他看我的信写得不咸不淡的，急于想弄清楚其中原因，他也很想知道他是否是我要找的人。他询问我找对象的标准。我说：

“第一条作风要好，”他问为什么？我说：

“丈夫再好，作风不好，不是自己的，有啥用！”他立刻表明，他完全可以做到。

“第二条脾气要好，”他又问为什么？我说：

“因为我脾气不好啊，”他说：“脾气不好不要紧，讲不讲理吧？”我斩钉截铁地回答：

“不讲理！”他笑了，他说：

“这我就放心了，能说自己不讲理的人都是讲理的。”之后，他表白说：

“我脾气也不算太好，但你放心，我保证打不还手，骂不还口，绝不跟你吵”

“第三条，要勤劳，他又问为什么？

“因为我不会干家务活啊，尤其是伺弄炉子，听说老得记着给炉子添煤。

他问：“那咋样？”

“那不把我的生命都烧没了嘛？！”我理直气壮地说。

他问我：“就这三条？”我点了点头。他说他从十一、二岁起就负责给全家人作饭，那时，他个子矮，踩着板凳给全家人擀面条。考清华大学时，他背上背着弟弟，一只手拿着饭勺搅粥，一只手拿着书看。他说做家务活对他来说不算事。然后我开始问他：“那你什么标准？”他答道：

“ 一般相貌

政治可靠

能看书报

自带饭票”

一听到政治可靠，我赶紧问他：

“我们家的事，我妈都跟你哥说了吧？”

“说了，我说的政治可靠不是指这个，是指在家里议论点国家大事，老婆别去向组织汇报。”之后，他解释说这标准是他在吉林的清华大学的同学们编的，他借用而已，他说：

“其实你远远高于这四条标准了，不过，我觉得你的标准绝不止那三条，我总觉得你好象没进入状态，心不在焉似的，我觉得我可能配不上你。”他说到这里，我心里打起了鼓，想想也没有什么可怕的，没必要掖着藏着的，反正心里一次次都决定不处了，再瞒着他对他也不公平。我就实话实说：

“其实我一直想跟你说，但总觉得信里说不清楚，想当面跟你说，又赶上了过年，我准备过完年，起码过完初五再跟你说。现在既然你问起来，我就不等了“

他赶紧接话：“不用等过年，现在就说，愈早愈好，否则我年也过不好。”

“我不想再处下去了，因为我不想耽误你，我确实没有进入状态，原因不是你咋样，而是我刚刚结束一段感情的经历，还没有走出来，我也不知道能不能走出来？其实这段时间，我的压力很大，我发现我无法爱你，这对你不公平，所以我想结束。”我坦白地说出我的打算。他没有着急表态，他急着要听我的感情经历。我就把自己如何一见钟情，如何暗恋赵长春等，把所有的细节都原本原样地照实相告。事后，贺文佳听说这段后，嘲笑我说：

“该跟说的人，你一个字不漏，不该跟说的人，你竹桶子倒豆子，一点不留。”

说完后，我如释重负，心里好受多了。他听后说：

“其实我喜欢你的就是这一点，坦白、直率。这样我们都不累。当然，还有你的善良，你做事老能为对方着想。我哥就说你妈妈善良，说找老婆一定要先看丈母娘。但是听你谈这些前前后后，我觉得你就象个孩子，当然你在其它方面还是很成熟的，我还是很佩服你的。我觉得你太不了解男人了，我整天和男生在一起，我太了解他们了。别把别人看得太高，你把一个人看得太高，只能说明你不了解他。你的问题是你自始至终都是远远地看着赵长春，其实你一旦了解他了，你反而可以走出来了。”

我摇摇头说：“我不可能去了解他了。”

“另外，你所喜欢的男人类型其实不是你自己的，是宣传机构给你的。样板戏也好，电影也好，小说也好，他们塑造的男主人公多假啊，生活里哪有啊。你不觉得他们假嘛？”我摇了摇头。

“那你听过拔高一说吧？”一说到“拔高”，我想起了我参加公社毛主席著作讲用会的那篇讲用稿，当时公社审稿的同志对我的讲用稿不甚满意，因为我没写我的进步是如何学习毛主席著作的结果，他几次启发我：

“这个时候你没有想到什么毛主席的语录么？”我摇摇头，他又说：

“连最简单的‘下定决心，不怕牺牲，排除万难，去争取胜利！’都没想到？”我又摇了摇头。他说：

“你这稿子肯定过不去，你还不懂拔高呢，懂么？！必须得拔高！按照我刚才提示你的那样写，记住，你所有的进步都必须是在毛泽东思想指引下完成！。”我把这个故事讲给他听。他说：

“这你就清楚了吧！大字报揭出很多全国劳模（劳动模

范）都是人造的模范，很多英雄放到荧幕上光彩照人，可英雄的原型在生活里却是一塌糊涂。经过这几年文化大革命，我看到了太多的真相，现在我不可能再崇拜谁了，包括毛主席。文革后期调动工宣队、军宣队，全是不得已而为之。‘老团’和‘老四’两派就是打，史称百日武斗，愈打愈激烈，谁说都没用，没办法才把部队派进去，把工人派进去，根本就不是报纸上说的那样，什么高瞻远瞩。所以别把谁看得太高。大家都是正常人。当然我没有贬低赵长春的意思。

我是说，你太看重英雄气节了，有些不切实际。我呢，我对女生也不了解，我以为女生都像我妹妹和邻居家小萍她们那样的，所以，我一直不急于找。要不是碰到你，我本来打算象清华很多教授那样，40岁以后再结婚，所以你千万别怕耽误我。老实说，我也是一见钟情，见到你，我就掉进去了。你刚才讲你暗恋的情景，我都有，我现在脑子里全是你，每天就象踩在蜘蛛网上一样。就是现在你不跟我处了，我也不会找别人，因为，我要找的那个人就是你。”

我说：“那咋办呀？处，进入不了状态，不处，你又不找别人。”

他说：

“你别有压力，你就把我当作尔娟、高琦、小芳甚至是我大哥就可以啦，不过通信还是不要断。这其间有好的你还可以找，只不过结婚的时候一定要告诉我，我会一直等到你结婚，你结婚后，我随便找个女的成个家就是了。”他把我一切拒绝的理由都轻松地给推翻了，我无言以对，只留下满心的感动。

47. 尔娟的爱情

春节期间，尔娟提出四个人聚一下，我跟友德说了，

他问“一定要去吗？”

我说：“一定要去。”

他说：“那好吧！”

我知道他不喜欢人多，不喜欢和生人接触。

见了面，大家寒喧了几句，尔娟提出打扑克。我和友德都表示不会，尔娟说要教我们。我们一起用扑克牌玩一种游戏，输者要被刮鼻子。有几次我发现达远是有意输给尔娟的，当尔娟要刮他鼻子时，他又有意不让尔娟刮，直等到尔娟撒娇生气了，才让她刮。每到这时，尔娟就象个孩子一样立刻转“怒”为喜，蹦过去狠狠地刮他的鼻子，而达远的眼神则充满着无限的爱意，就象看一个小女儿。然后他抓住她的两只胳膊不松手，眼睛带着满满的爱意盯着她，如果不是

我们在场，下个动作就应该顺势把尔娟拥到怀里了。

出来后，我感慨了一句：

“这两人真够浪漫的！”

“你羡慕吗？”他问。我点点头，

“不过我做不来，”我说：

“我不羡慕也不喜欢，你千万不用那样，就这个样子挺好。”友德说：

尔娟掉到蜜罐里了。

这期间，尔娟的广播员职责为她带来很大的荣耀，就连那些名演员都对她广播时的吐字归音及语调的抑扬顿挫等等表示佩服。记得每次我去她们俱乐部，她都会问我：“能听出谁广播的么？”我都会毫不迟疑地回答“你呀！”但是大概半年以后，我就听不出来是谁的声音了，倒很象中央广播电台播音员的声音。她告诉我她每天早晨五点起床，不论冬夏，都到小树林里去练吐字归音、练尖团字及咬字、练共鸣发声、练……，一练就是两个小时。尔娟作事的毅力，真是一万个人里也挑不出一个。

她对一切都很满意，职业及男朋友，这是她人生中最大的两件事，她感到非常幸福。可到了谈婚论嫁的时候，尔娟的妈妈却坚决反对这桩婚事。她妈妈问她：

“你以为我跟他（尔娟的继父）活得很幸福是吗？我之所以委曲求全跟着他就是为了给你们换个好出身，你刚出火坑怎么又找个火坑往里跳呢？！我当年找了个资本家的儿子、大学生，你看我这遭的这个罪。哪里过上几天好日子啊？！怎么你今天又要找个跟你爸一样的呢？那时没解放我看不明白，今天一切都活生生地摆在那里，你怎么还走你妈的老路呢？”尔娟妈妈就是死活不同意，但此时尔娟已经没法割捨达远了。

尔娟到达远的独身宿舍，把这一切告诉达远后，达远一声不响地站起身来，从架子上取下一个像框放到尔娟的手里，像框里面是尔娟初中时的照片。这是分手的意思，尔娟立刻大哭起来。达远见状很痛苦地说：“你妈妈说得很对，现实就这么残酷，我爱你，但是我不想害你。毕业这么多年，厂里的师傅们经常要给我介绍对象，我一律不见，不想害人。你是我见的第一个，当时主要是由于白雪盛情难却。没想到在白雪家，你推门一进来，我就知道我完蛋了，彻底没救了。但是我的内心一直在纠结着。尔娟，今天应该哭的是我！……”没等达远说完，尔娟泣不成声地喊道：

“我不想跟你分开！我不想跟你分开！”

在达远那里没有解决了的问题，尔娟拿到我这里来了：“培敏，怎么办啊？我妈坚决不同意，而我根本离不开达远了。我妈确实是为我好，她说得也都是事实，你说我应该怎么办啊？”

“要我说，离不开就不离，我知道那滋味，那不是人受的。再说我觉得你也很难再找到像达远这样的了。我觉得达远简直就象是为你量身订制的一样，你俩太合拍了，简直是琴瑟和鸣。而且他对你又那么好，宠你都宠得没边了！达远是何许人也？那是我行我素的主。指望他去对领导溜须拍马，那是绝对不可能的。说实在的，我还挺佩服他那不买账的劲儿，你看文化大革命都这么长时间了，每个人都在逢迎形势，尽量学贫下中农，装贫下中农，尽量的表现粗鄙。达远却比文革前的知识分子还更知识分子。他见到你们的一把手和见到其他人的表情都一样，就没见过他点头哈腰逢迎过谁。可是见到你就不一样了，低声下气的，瞅那样都能给你洗脚！”尔娟脸上立刻荡漾出幸福的微笑，其中还夹杂着一点羞涩。她点着头说：

“真给我洗过！我去他独身宿舍，冻得我直跺脚，他立刻坐了一壶开水，让我用热水暖脚，蹲在地上就给我洗上了。”

“知足吧，尔娟，你看你在他面前多能耍呀，不论你持宠撒娇多过份，他就是喜笑颜开地受着。你知道这有多重要吗？高琦已经跟我哭过两三次了，老万看问题是有水平，可说话太尖刻，他们结婚不到一年，两人已吵崩两三回了。高琦说老万可以是好朋友，但绝不是好丈夫。

尔娟赶紧接过话：“达远从来没说过我。”

“是啊！他拿你当孩子般地宠着，他水平低么？他什么看不明白？我在旁边观察他，他为人处事火候掌握得非常好，不卑不亢，不急不缓。而且这个人还特别有情调，就是给你做鸡蛋吃还得做成荷包蛋，上面点缀些配料，作成一幅画端给你。你俩在一起时那小情小调，我看着都嫉妒。我那位整个一个没美感，就别提情调了。好在他对我好，大的方面还算谈得来，缘份在那，我也就不太过份強求了。”

看着尔娟的脸色在舒展，我就直奔核心问题去了：

“我觉得你和你妈妈不一样，你妈妈没文化，她和你爸在一起，她欣赏不了你爸爸，你爸弹琴她欣赏不来，你爸说话她也欣赏不了，她和你爸之间不可能有你和达远之间的那种默契和精神享受。他们俩之间没有那种精神扭带，所以你妈妈无法抵挡外面的风风雨雨。你仔细分析一下你自己的情况，你有必要那么在乎达远的出身吗？你还想考乐团么？”

尔娟摇摇头说，“他们不会招我这个年令的了”

“是啊，你也没必要去考了。你喜欢拉琴自己拉就好了，喜欢艺术，现在天天看演出，每天和名演员们谈三论四的，比你做乐队的小提琴手，日子过得还惬意。”尔娟频频点头。我又问：

“想当官吗？”尔娟又摇了摇头

“所以，不想当官，也就没必要入党。以后结了婚，回到家，关起门来自成一统，两个人亲亲热热。不管他谁升官、谁入党你也别眼馋。说句不好听的话，你就是再改出身，也得不到重用，所以一个资本家出身和两个资本家出身没多大区别。”

“关键不是我，我是什么都认了，关键是……”

我抢过话头说；“我知道你想说关键是孩子，其实你知道不，你小时候的那次政审给你做下了病了，你一下子就掉进那口井里出不来了。依我看凡事都在变，我绝对相信“物极必反”，现在都左到什么份上了，连植物都有阶级性了，‘宁要社本主义的草，不要资本主义的苗’。上面下达文件，不允许种四辣：姜、葱、蒜、辣椒。你说这四辣啥出身？但就是不许种，下面只能听上面的，一点办法都没有。不过，万事都逃不过物极必反的规律。谁知道到你孩子那时变成啥样啊。要我说别想那么多了，大不了不要孩子也不能不要达远！你得让人家活啊！他都陷进去那么深了。你现在跟我在这儿聊着，他找谁聊去呀？我看他死的心都会有。”

我顺着话説出来的最后几个字居然让尔娟慌了神，只见她看了下腕上的表，然后站起身来说：“不想那么多了，什么孩子孩子的，大不了不要了。我不跟你聊了，我得赶紧上达远那儿去了。”

突然她又坐下了，颓然地喊道：“我妈——，还有我妈的问题没解决呢！”

“交给我妈啊！让我妈对你妈晓之以理，动之以情。不过你也得配合一下，吓唬你妈说非达远不嫁！”

48. 千变万化的时代

时局的变化真不是老百姓能预料得到的，正当我妈要去找尔娟妈谈话的那天下午，也就是一九七六年的九月九号下午三点钟，传来了毛主席去世的消息，举国悲哀。

就在治丧期间，尔娟家飞来一场横祸。那天尔娟给我打电话，拿起电话我就听见尔娟呜呜的哭声，我赶紧问：

“尔娟，怎么啦？”

“我弟弟，祥瑞！——祥瑞——”她泣不成声。我知道发生大事了，别在电话里问了，赶紧去吧！我说：

“尔娟，别哭！我马上到你那里去！”

“办公室——直接到我办公室——”

我敲了敲她办公室的门，尔娟打开门，我看到她两眼红肿得只剩一道缝了。我一进去，她就把门锁上了。我问：

“祥瑞怎么了？”

“祥瑞被关起来了！”尔娟呜咽着说。我难以相信，那个一副笑眼，一说话就有些腼腆的男孩子怎么会被关起来呢？

原来，在开追悼会的那天，祥瑞正在和一个人说话，有人就往他胳膊上套黑袖纱。许是祥瑞当时正在气头上，见那个人笨手笨脚地套不上去，就一甩胳膊，顺嘴说了一句：“我不戴这玩艺儿！”当时在场的人都楞住了，空气仿佛瞬间凝固了，紧张的气氛令人窒息。祥瑞立刻意识到自己犯了天大的错误，一种天塌地陷的感觉。他两腿瑟瑟发抖，木然、不知所措地、不停地说着：

“我说说说错了，我不不不不是这个意思！”“我说说说错了，我不不不不是这个意思！”眼泪顺着他的脸颊流淌，声音颤抖得结结巴巴。然而，一切都来不及了，上级指示，在主席治丧期间一定要注意阶级斗争的新动向。这是明摆着的立功好机会，领导立刻向上级汇报，很快，专政机构来人了，给祥瑞戴上手铐，押上刑车。我问尔娟：

“押到哪里了？”

“不知道，他的同事就跟我说了这么多。”

“我们找领导解释解释，说孩子当时和同事说话正在气头上，是不小心说错了话。”

“我和我妈昨晚去领导家了，都说了，没用！领导说祥瑞分明是仇恨伟大领袖毛主席，听到毛主席逝世，每个人都呼天唤地的哭，只有他没哭。他说祥瑞已经犯了反革命罪，叫我们不要包庇反革命。”尔娟一边哭着一边说：

“祥瑞肯定会被判刑了，我妈现在已起不来床了，她儿子就是她命根子。我妈要有个三长两短的可咋办啊？”尔娟哭得更加厉害。我见状试图宽慰她：

“尔娟，判几年也比打残了强。我们单位昨天到大礼堂开追悼会，就因为一个人穿了双红袜子，加上他爸爸是历史反革命。 开完追悼会后，我们一起进所的几个知青就把他堵到他本人的办公室里，用皮带抽，用椅子直接往脑袋上砸，把椅子腿都砸断了，脑袋虽没开花，但人昏过去了，现在还在医院里，人事不省。医生说，这个人就是醒过来，也废了！肯定是个傻子！”尔娟惊呆了，自言自语：

“就因为一双红袜子？！”

“是啊，一个书呆子，会好几门外语，天天在那里翻译资料。四十多岁了，还单身呢，平常就不修边幅，估计是没在穿戴上用心思吧。”

尔娟已无心思合计自己的事了，她现已搬回家住，为的是早晚能照顾妈妈。

十月六号，这是个我永远都不会忘记的日子。这一天传来了“四人帮”被打倒的消息，我和尔娟乐得手舞足蹈。三十年越来越左的路线嘎然停止，形势发生了天翻地覆的变化。一切都往正道上走了，那时叫“拨乱返正”。尔娟的弟弟仍关在监狱里，但打倒四人帮后，狱警对他的态度显然有所好转。尔娟的妈妈已无心管尔娟的事了，加上我妈的劝导，也就不再反对了。

不久，尔娟和达远订婚了，订婚仪式是在上海举行的。婚期已订下，就在她们准备各种结婚事宜时，各大报纸传出了恢复高考的消息。

开始时尔娟不以为然，觉得和她没有关系，等到她知道地富反坏右的子女也可以报考后，她开始激动了。她先是怀疑，怎样可能呢？已经习惯于低人一等，被人称为“黑五类狗崽子”的她，现在突然得到和其它人一样待遇，这让她感到有点懵。她不止一次地问我：“这能是真的吗？”然后就自言自语道：“这怎么可能是真的呢？”“怎么可能呢？”她一而再再而三地让她姨帮她打听，当她确定高考真的不需要政审后，尔娟简直疯狂了。她激动地流着泪，几乎喊着对我说：“培敏，命运的大门终于向我打开了！”她用力挥舞着双臂，使劲蹦跳着。看得出，她欣喜若狂。她象吃了秤砣一样铁了心，一门心思就是要考大学，连婚也不结了。尔娟对我说："以前，无论什么好事都没有我的份儿，现在我居然也可以有选择的权利了，我绝不能错失这次机会！”幸运的是达远支持她，只不过希望她报考上海的大学。开始时尔娟想报考上海复旦大学，但是一位上海著名的歌唱演员这时正在尔娟他们的剧场演出，她改变了尔娟的决定。这位演员以前到沈阳演出时，早已和尔娟成为了好朋友。她建议尔娟报考上海戏剧学院戏文系（戏剧文学系），她说：“你的文学底子、音乐底子以及电影的鉴赏底子（是啊，内部电影一遍遍地看）都很不一般，你又酷爱艺术，报上海戏剧学院吧！我和这个学院的院长很熟。”

那时尔娟已近三十岁了，第一次被命运之神眷顾，她处于高度的亢奋中。她每天挑灯夜战，常常看书到后半夜二、三点钟。命运当头，尔娟象铁女子一样站在船头，毅然扯起风帆，使我佩服得五体投地。那时我正在怀孕待产，不能象尔娟那样孤注一掷选择高考。据我所知我校高中部女生大多由于年龄原因都在忙着结婚和生孩子。除尔娟外，我和高琦、小芳、梅怡、文佳、于非都选择了组织家庭而没有选择高考。小芳因为当年学习成绩在班里是数一数二的，曾犹豫过，但终因年龄太大而选择了与高干子弟结婚，放弃了高考。梅怡没有报考，但她的男朋友，那个大提琴手却报考了沈阳音乐学院。文佳正和一个广东人相处，根本没考虑高考的事。在男生里，我知道，老万是肯定要考的。但是因为高琦的母亲是继母，婆婆身体又不好，儿子只有几个月大，高琦一个人带孩子实在太辛苦，所以老万对高琦表态：如果能考上北京大学中文系他就上，如果考不上而被别的大学录取，他就不上学了。高琦虽然不希望老万上学，但也不好反对。我羡慕尔娟和老万。她们乘上了这班时代的列车。

录取通知书下来后，尔娟打电话告诉我，声音是颤抖的，她喊道：“培敏，我被上海戏剧学院录取了！”说到“录取了”三个字，她已哽咽得几乎说不出话来。我双目立刻涌出泪水，我的心也跟着她一样颤抖着。眼前浮现出当年尔娟听到她无资格考大学时痛苦哭泣的场面，那块石头、还有那块石头下的那抹绿色。我不由自主地发出一声叹息：“压在尔娟头上的那块石头终于被搬掉了！”

49. 由人不由命

暑假期间，我接到尔娟的结婚请柬，因为达远作为文革后首批研究生考入了上海交通大学，所以他们的婚礼在上海举办。

婚礼上，我见到了尔娟的妈妈，她已经白发苍苍，满脸皱纹刻着一生的沧桑。寒暄几句后，我见她的泪水在眼眶里晃，知道她想到了她的儿子，那个她愿意为他付出一切的儿子。大喜临门，不能提悲伤的事，我立刻把话岔开，迅速离开。

原来，在平反冤假错案中，她弟弟很快被平反并无罪释放了。但是回到家以后，她弟弟不见任何人，整天，面向墙壁躺着。大约一个月后的一天早晨，尔娟妈妈起来，走到儿子房间，发现儿子已经上吊自尽了。从此，尔娟妈妈几乎精神失常，一连几天，不吃不喝。等精神正常后，她跟尔娟的继父办理了离婚手续，和尔娟的妹妹尔南住在一起。

婚礼的第二天，我被邀请去达远家，那是武康路上的一间别墅。尔娟暂时落脚在公婆家，公婆都很有样子，谈吐慢条斯理，平和自然，给人慈祥的感觉。因为达远只有一个姐姐，且已结婚，所以房子足够让儿子儿媳居住的。和达远的父母寒暄一阵后，尔娟领我到她的卧室去，新房里摆放着很多尔娟喜欢的粉色装饰物。我一一欣赏着。突然，我的眼光落在了床头柜上，我看到了一个玻璃瓶子，里面装着一些棉花，似乎有红色。再向前走几步，我看到了棉花上的红色是血。尔娟见到我好奇地盯着那瓶子说：“达远可烦人了，非要把处女膜的血留起来，说是要展示给全世界的人看！我说他‘神经病！’他说必须要留下来，起码要让他的舅妈还有他的姐姐他的父母看到。”听完后，我许久没有作声，心在往下沉。在达远这句话的后面，显然隐藏着在尔娟婆家发生的故事。谁这么坏呢？把有关尔娟和她继父的谣言传到了上海。真是好事不出门， 坏事传千里。同时，达远对尔娟的信任也让我无比的感动，看来他早就听到了这些谣言，面对这样的污言秽语，哪个男人能不计较呢？！但是达远却选择了相信尔娟。而且他也一定面对过他的父母和他姐姐的反对。显然谣言是通过他舅妈的渠道传过来的。他丝毫不露风声，为的是不干扰尔娟的心情。我不由自主地说了一句：“搬弄是非都搬弄到上海来了。”尔娟看了我许久说：“这就是为什么沈阳那边的只请你一个人来参加，达远让我远离那些搬弄是非的人。”

苦尽甘来，尔娟在美国的姑姑居然也找到了尔娟，而且专程从美国来上海。当姑姑知道她哥哥因被打成右派而自杀时，无比悲伤地说道：

“当年我不让他回国，他非要回，拦都拦不住。”在姑姑的担保下，达远拿到了留学美国的签证，此时尔娟刚好毕业便随达远一同飞往美国。但是她只是陪读，没有选择继续深造，她太想要孩子了。是啊，不是国家的改革开放，她是无论如何不会让自己的孩子来到这个世界的。一切都正逢其时。

曾经，山穷水尽；如今，柳暗花明。我和尔娟都无比庆幸，迎接我们中年的竟是从天而降的时代巨变！我突然想起妈妈给我讲过的一个是由命还是由人的故事，这个故事我曾讲给尔娟听过。那个时候，尔娟认为由命不由人。

故事发生在宋代一个宰相府里，宰相正和同僚在家里大厅中议论是‘由命不由人’还是‘由人不由命’。当大家都赞成宰相‘由人不由命’的观点时，一直在帘后偷听他们谈话的宰相的千金小姐失声笑了起来。她在帘后反驳父亲说应是‘由命不由人’。宰相见女儿在同僚面前反驳自己，老羞成怒，坚持自己的‘由人不由命’。他对女儿说：今天你的命是相府的千金小姐，但是我立刻就可以让你变成乞丐的老婆。说完便令仆人出去找一个叫花子。这时一个名叫碗划的乞丐正路过相府，宰相便把女儿许配给了碗划，并告诉女儿："懂了吗？这就叫由人不由命"。女儿嫁给碗划后，不再让他要饭，变卖了随身带的首饰，置了个草屋，两人一起打柴为生，并生下一儿一女。

若干年后，皇帝要驾崩，但却无皇子继位。八贤王找来八卦大师，不料八卦大师测算后说：当今皇上有个皇子，就在西南某地。原来，二十几年前，曾有一妃子产下了一个肉蛋，皇帝认为这是不详之物，让扔出去。太监却偷偷把肉蛋放在盆里，趁黑夜扔入宫外的河里。一个渔翁拾到此盆及肉蛋回家，由于家里穷得连刀都没有，只好摔碎一只破碗，用碗的碎片划开肉蛋，一看竟是一男婴。夫妇乐极，给男婴起名为碗划。不料碗划五岁时爹死，八岁时娘死，从此便以乞讨为生。八贤王听后，为寻找皇子，到八卦大师所说的地区微服私访。当他听到碗划的故事后，便在当地的集市上自插草蓑贱卖。那碗划一日卖完柴禾，喝了点酒，听见一人高声叫卖："卖相应了，卖相应（便宜货）了！"碗划便舒出手中的錢买了这相应。碗划背起八贤王往家走，走着、走着，酒醒了，后悔怎么买了个糟老头子。可此时已到了家门口，宰相的千金一看便知道此人非同寻常，便好吃好喝地供着。不消几日，家中己揭不开锅，在八贤王的提议下先卖儿后卖女，最后卖老婆的青絲。碗划已气恼得不行，恨不得杀了八贤王，但媳妇只是让他照办。一日醒來，发现糟老头子失踪了。再过几日，八台大轿来到门前，迎接碗划夫妇并顺道将卖出的儿女接上。碗划继位后，身为皇后的那位千金小姐要见宰相。宰相俯首跪在地上，皇后喝令其父抬起头来。宰相抬头一看，吃惊不已，原来当今的皇后竟是自己的女儿。此时皇后问其父："是由人不由命，还是由命不由人？"

同样的问题我很想听听此刻尔娟的看法："经历了这么多，你说是由命还是由人，"尔娟回答很干脆："由人！"我立刻想到她孤注一掷、不计其余，凭着势在必得的拼搏，终于考取了大学。我以为她的回答基于此，可她再补充的一句，令我万万没有想到："由人，由强人！"

是啊，如果没有恢复高考，没有为右派平反，甚至给地主富农"摘帽"，尔娟能上得了大学么？！如果不是改革开放，打开国门，尔娟的先生又怎能出国留学呢？

50. “高连长”与“余永泽”

尔娟考入大学的第二年，我也考入了当地的大学，毕业前夕，领导找我谈话，让我担当信息站站长及一国家级科技刊物的主编。政治上的解放，让我焕发出巨大的工作热情。

当时国家因为文革的内乱，经济几乎崩溃。我提出：“不吃皇粮，自负盈亏。”这当然符合国家改革开放的方向。一年后，我站真正做到了不用国家拨款，人均创利过万，成了国家树立的典型。各种荣誉向我纷至沓来。

此时赵长春却很惨，“四人帮”倒台后，文革时选拔的局第三梯队干部全部作废，有的甚至进了监狱。赵为了进入第三梯队是作了很大的牺牲的。首先是他的婚姻，我不知道他是否是出于无奈，总之，在定下他为第三梯队的干部后，局组织部长亲自找他谈话并在一周后托人将自己的侄女——一位工厂女工介绍给赵长春。赵长春没有拒绝，与部长的侄

女只谈了三个月的恋爱就结婚了。再者，他的工作也远没有原来在科室工作有发展，

现在各部门都自负盈亏，设备齐全的大机械厂都停产了，小小的实验厂实在很难创收，

知道赵长春束手无策，不得不每天为了实验厂的创收到外面找活时，我莫名地感到难过。我找到了赵长春，我们已有四年多没有见面了。他见到我来，很是惊奇：

“你怎么来了”我没有寒暄，直接单刀直入：

“赵长春，如果我把你调到我们编辑部去，你愿意不愿意？”他似乎不加思索地答道：

“当然愿意！”我问：

“为什么？”他说：

“我不是搞经营的料，现在工人要开资，全靠我们自己出去揽活。好容易通过关系找到了活，人家一来考察，又嫌设备陈旧，精密度不够，到现在为止，除了几个小活外，一个大单子都没签成。”我说：

“好，我现在就去找领导谈，你走后，小庄可以担任厂长吧？”小庄是实验厂的副厂长。赵长春说：

“他在经营方面比我强。”

当时，我正红着，领导很给面子。谈了几个回合，赵长春终于调入编辑部了。

信息站业务打不开局面的时候，没人应聘担任这个站的站长，我毕业时，那个位子虚着，似乎就等着我去就职。

如今这棵枯树活了，而且果实满满压弯了枝头。君子无罪，怀壁其罪。可惜这个道理我当时不懂。我无法看到摘桃者的觊觎之心。我又一次被暗算了，我至今不知道暗算我的人是谁。阴沟里耗子可以掀起大浪，但人们永远看不到他。

当审计局的人带着驻税务局的检查院的人找我谈话时，我甚至听不懂他们在说什么？什么叫个人所得税，我听都没听过。我的全部心思都在创收上，办完一个行业网再办下一个行业网。办中央带刊号的科技杂志已很累人，可我又陆陆续续创办了五个内部刊物。我根本无暇看报纸，一个一直过着穷日子的人，刚刚挣到钱，不知道国家已适时地制定了所得税法。我后来才明白如果我每月把奖金分发下去，我们完全不用交所得税（那时的税法是按月计，不像现在以年计）。但网费是一年交纳一次，加之我确实拿不出时间每月分奖金。我已经每天工作到晚上九、十点钟了，总不能不睡觉吧。没曾想到年底一次分奖金，交税金额大了太多太多。办案人员却说：

“为什么不按月把奖金发下去啊，是不是要贪污归为己有啊？！”我生平喜欢正大光明，最讨厌人作暗事，我觉得说我贪污是对我人格的污辱，而且是奇耻大辱！当时居功自傲的我拍案而起，指着审计局那位说话的人的鼻子说：

“随便你查，查不出我贪污，你别姓杨！”那位审计大员没想到我敢拍桌子、指鼻子，便站起来凶恶地说：

“你以为进监狱很难是吧？！”

我毫不示弱，

“你查吧，能查出我小徐贪污一分钱，我自已进去。”然后摔门而去。

俗话说小不忍则乱大谋，我这样公然冒防没人敢冒犯的人，极大地调动了他们非要把我送进监狱的积极性。他们先查成本，没查出问题，后又查招待费。可惜我每次招待全国各地来的朋友都带着该行业网站的负责人，由他们到出纳那领钱，回来报销，我从不碰钱。那位审计局姓杨的拿着32元钱的饭票让我写出具体吃了什么？我仍然一付不尿他们的样子：

“记不住！”

“怎么能记不住呢？”

“就是记不住，你们不是扬言把我送进监狱么！订罪就是了！”他们看我不配合，就去找经事人，这回网站负责人不用忙业务了，整天忙着回忆每顿饭吃了什么？32元錢的饭费，写了五、六道菜，什么西红柿炒鸡蛋，炒土豆絲，酸菜粉，炖云豆，烧茄子等等。

更有意思的是一个网站的负责人烟隐很大，那次行业全国会议在哈尔滨召开，他说，全国各地参加会议的人会后都到他房间去聊，老抽人家递来的烟不好意思，站里能不能买条烟招待他们。结果就这一条烟，他补写了三次证实材料才过关，必须写在什么地方买的烟，卖烟的人是男是女，是老是少；都谁抽了这包烟，会议结束时，这包烟剩没剩？剩了，谁抽的？这位同事说“剩没剩记不大清了，如果剩了，也是我抽了，因为站长不会抽烟。”

几十元钱的饭票，他们也去饭店调查，调查后，把当事人叫去，他们说：“这个饭店说了，他们家菜谱里从来没有炒茧蛹子。”我的同事赶紧认错，说自己记错了。”回来就大骂：“没个干，上最小的饭店，吃个块八毛的菜都这么查！”

我乐得轻松，那股冲天的干劲一下子池到底。天天晚上按时回家，吃完饭，给孩子或讲故事或辅导功课。

他们终于抓到了我的小辫子，虽然没有查到贪污问题，但后来发现这些招待费并没有走财务账，是从稿费里走的，因为当时财务有规定招待费不可列支。罪名已经定下，说我克扣稿费，我立刻拿出一些通讯员的来信，他们信中明确说明：“稿费不必寄来，我不日去沈阳，我们一起吃饭用，”还有的说：“知道站里里常要接待外地的朋友，这稿费留在站里作招待费吧，千万不要给我寄来。”等等20多封，加之我自己不领的稿费。他们又开始查这些人的稿费一共多少钱，招待费花了多少钱。尽管帐目全清，他们仍坚持要定这个罪名，他们认为，我们是领导行业的，根本不需要招待。我坚持他们每年交纳网员费，他们就是我们的客户，我们已不再是领导，而是服务。因此我拒不签字。

人要倒霉，喝凉水都倒牙。就在此时，赶上了整党。整党的结论是四种：通过，暂缓，党内处分，开除出党。领导的意思是给我走暂缓这个结论，我不知是否是那个姓扬的给领导施加了压力，但领导也不想得罪我，授意由我所在的党小组提出暂缓的结论。

党委书记找我谈话，批评我不能正确对待上级的审查，我说："他们污蔑我，怀疑我贪污！"书记说："这是正常的，这叫"有罪推断"，就是先认为你是有罪的，查没有后，就可证明你没罪。哪有你那么沉不住气的？！"我说："那现在查我没问题，为什么迟迟不给我结论啊？""谁说你没问题啊？你确实没按时交所得税啊，第二不管人家要不要稿费，你也不能私自把人家稿费给花了。""我没有私自啊，都是大家一起花的啊！""那你请示领导了吗？"我还真请示了主管我的领导，但我的主管领导和书记是死对头，我不想给对方送去子弹，算了，可我一人造吧！我低下了头，没有说话。然后书记告诉我，领导同意你们党小组的决定，这次整党作"暂缓"处理。

谈完话已是下午四点多，冬日的窗外阴嗖嗖的。我坐在办公室里想我这七、八年没夜没日地拼命干，落得如此下场，心中一阵阵悲凉。想起那句："眼见他高楼起，眼见他宴宾客，眼见他大楼塌。"正自怜时江云秀推门进来了，她和我是一个党小组的，我正想问她党小组开会如何同意我"暂缓"的情况。她先问起我来：

"你为什么把赵长春调到编辑部？"

"一个是编辑部确实缺人，再一个赵长春书看得不少，还是有文彩的，当时大批判稿他就写得比别人的好，也别埋没了人材。”我如实回答。

“你得罪过他么？”

“应该没有吧，因为他不归我管，他归他的主管管。我们俩几乎很少说话。”

“你千万别对别人说哇，咱们党小组开会，所有的人都不同意你暂缓，说即然没查出问题就应该通过。就赵长春一人坚持按“暂缓”处理。

他说：“也不能说没有问题。”

大家说：“现在专案组都撤了，如果有问题不早进监狱了吗？！”

赵长春说：“不是还没做结论呢么？你让领导咋办，那也是一级组织啊，他们没作出结论前，这面整党就通过了，说不过去的。再说暂缓不是处分，什么时候那边作出结论，这边再履行“通过”手续就是了。”看大家没人响应，

他说：“这是领导的意思，我先表态，给徐培敏暂缓处理。”

江云秀说完，眼睛直直地盯着我，我无话可说，长长的沉默后，江云秀撇着嘴说：“还是人家党性强啊！”

回家的路上，我想起了初次见到赵长春的情节，也是这样一个阴嗖嗖的天气，我心中又出现了“高连长”三个字。

在我上完楼梯，准备用钥匙开门的时候，我听到我那位“余永泽”正大声地和什么人在说话，声音之大是我从来没

有听到过的。我轻轻地转动钥匙开了门， 只听到他在严厉地质问：

“既然没有问题，为什么不给下结论？为什么！”对方在说着什么，

“那你们过问了么？你们为什么不过问？你们领导对她还有点负责任的精神没有？！培敏怎么为你们干的你们不知道么？她没有一天不干到晚上九、十点钟的。孩子胳膊粉碎性骨折，她哭成那样，还不是扔下孩子去主持全国会议，你们还有点良……”没等他把心字说出，我已走到他面前，他立刻把电话撂了。

“你给谁打电话？”我问

他仍在气头上，没好气地说：“给你们书记！”

“我的事你不用管，我自己酿的苦酒，自己喝。谁让我老拿鸡蛋碰石头呢！”我语气温和地说着。心里已感动得一塌糊涂。这个躲事、怕事的人居然为我冲到前面，尽管他的话很不合时宜并有失分寸。

51. 到纽约去

我家终于寻到了在台湾的舅舅、日本的舅舅以及最小的在美国的老舅。妈妈夙愿以偿，久别重逢，喜极而泣，每天像过节一般。而我找舅舅其实也是寻找未来。我深知自己性格中桀骜不驯的一面难以适应讲究权力的社会。在号召人民成为“驯服工具”的文化中，我几次成了另类。我总能被那双躲藏极深的，无处不在的眼睛找到破绽，然后蛇打三寸，狠而准。我想躲开那双无处不在的眼睛，我知道只要肯于隐藏于大众之中，那双眼睛就不会再找我了。可是我不行，改革开放已经打开了我的眼界，我一定要怒放自己有限的生命，让自己的生命躲进阴影里乘凉，那会要我的命！

在美国老舅的担保下，一九九一年的冬天，我拿到了美国的签证及纽约圣约翰大学的研究生录取通知书。

当离别已成事实，只是日期的问题，我先生一天比一天

话少了，我发现他的抑郁，

我说："要不，我不去了？！"

他很痛苦地说道："我了解你，我太了解你了，你不怕急流险滩，就怕日子过得平庸。我不想成为让你"失去生存价值"的人，这一点在结婚前我已经作好准备了。"这一刻，我心中的感动令我热泪湿眶。

婚后我一直享受着他无怨无悔无求的爱，我怀孕时，因为没有房子而各自住在各自单位的独身宿舍里。为了给我增加营养，他每天下班后，先把饭做好，然后顶着凛冽的西北风，从沈阳市的最南边骑车到最北边为我送饭，天天如此。我们有了房子以后，每天他下班骑车回到家，见我在厨房摘菜、洗菜就立刻把我撵出厨房。"你该干啥就干啥去，饭作好了我叫你。"我每年有半年的时间在外出差，他从未有一句怨言。

这些使我明白什么是真爱，上帝给我一个我不想要的，他却比我想要的好得太多。感谢上帝！

在离开研究所的前一天，我接到了一个电话，那是赵长春的电话。他说他喝醉了没去上班。他说喝醉了也就敢说了，请我不要生气，他说：

"二十年来在心底深处我一直深深地爱着你。"

我听后，无言。长长的沉默后，对方叹了一口气，挂了电话。

第二天，在先生的陪同下，从沈阳到了北京机场，我望着一直包容我支持着我的丈夫，心中万分地不捨，但我去意已决。

在最后分离的那刻，我俩都流下了难舍难分的泪水，他紧紧地拥抱我后，转身离去，没再回头。望着他的背影消失在人群中，我转身拖着行李箱向出境处走去，一路，泪水狂奔。

飞机上，我思念着往事，在不觉中睡去。一觉醒来，梦境模糊，有如无法完全细诉的往事。扭头朝窗外望去，发现飞机已飞过大西洋。

庞大的纽约已在机下，数不清的洋房夹着树木和道路向无限远处伸展着。在这块完全陌生的土地，我将面对完全不可知的命运。从拿到签证开始，每当我因未来的“不可知”而慌恐时，就一遍遍地唱着：

“向着梦里的地方去，错了我也不悔过。”我只能以这句歌词不停地给自己打气。

当飞机的机轮触到肯尼迪机场的地面时，我突然想到了尔娟，我再一次感到命运的奇巧，十年后，我又到达她现在居住的国家，我和尔娟的命运还会再一次地交织在一起吗？我无法预料，不知命运将如何安排。

不过，即使不再相见，我们曾共同拥有过的青春，共同走过的岁月，都足够供我珍藏。那是一段特殊时代的绝版青春，这样的青春但愿永远不再被复制。

二零一九年八月二十八日 下午三时完稿

后记

忘却只是为了更好的记住

2019年秋天的某日黄昏，与女儿去布鲁克林大桥看日落。

桥横跨在东河之上。我们从曼哈顿的这端走向布鲁克林那边，到达后，返身再从布鲁克布那头往回走。 此时，天色暗淡下来，另一种让人眩目的日落之光却一点点铺开来，溢满了整个的天空，曼哈顿被这样奇异的光所笼罩，女儿说，这是黄金之光。

我牵着她的手，站在大桥之上，看日落缓缓褪去，城里华灯璀璨。光从城市的每一个角落漫淌出来，让城市有一种虚幻之感，但却能闻其声嗅其色。也就在那样的时刻，我突然想起了尔娟，想起了她在《红黑时代的青春》里写给“我”的那封信。

那封信的字里行间，弥漫着友谊的温情，更有纠结不舍之下断然的决心。读这朴实真切的封信，却竟然有如欣赏西班牙画家达利的画作时的感受，是现实里重组起来的荒诞，那么深情厚意的一对朋友，却因不堪回首的时代大环境，因而向对方关上门，选择永不联系。细思，背后有让人寒毛耸立的因由。小说，和现实的荒诞比起来，都实在太普通了。读完《红黑时代的青春》已经许久，文字背后所感受到的灰暗疼痛，总是会时不时涌起来，被刺痛，让人有种大脑供血不足的心慌。我拉着女儿的手，带着身体里因了尔娟而起的某种荒凉之感，往光的的方向走去。

时代不同，经历不同，但痛感是如此的相通，因为相似的文化背景。作为一个四十岁独自带女儿移居在美国的女性，能够深切体会到一个经历种种、年已七十的中国女性回望中的岁月，以及为何一定要提笔回望的内在因由。

读《红黑时代的青春》，让我想起杨绛的《洗澡》。是两本看似完全不同风格的书，但于我而言，有着相同的实质。

那些朴素平静的文字背后，那些不动声色之中，那些后知后觉之下，涌动着的是惊涛骇浪，含着巨大的不安、无助、被动、无奈、惊恐、甚至于绝望。有些人深陷其中，有些人自以为可以浮于之上，有些人以为可以侥幸避免，可是，都是水里的鱼，而水在瓶里。是瓶，不是海。总有一种力，紧紧地跟着你，不小心就掐住你。

那些个黑夜的、流泪的、惊慌失措的夜晚，是相似的。

隔着经久的时间，隔着漫长的距离，那种感受依旧存在，如刺在喉，有些事有些人，必须得写出来。

即便走过千层山，渡过万里海，绕过世界一圈，即使身置此岸，早起可见长岛的朝阳，黄昏可见新泽西的日落，窗外是中央公园，即便已经年过七十，往事依旧，梦里仍会重现，得提笔吐出来。

之光经了人生的长途跋涉之后，终于在七十岁之时，决定坐下来，握笔，吐出自己曾经看到的，听到的，经历过的。当这样的一本书呈现在我面前时，我是感动的。

书写过往的历史，是面对，是梳理，是勇气。

文字里的真实，往往是现实里的反射。是镜子。行走在她的文字里，以为是虚幻的故事，但它却又是真实的，是活的，有血有肉，有泪有痛。

可当你以为是过往，以为是历史时，细想，何尝又不是当下？

透过旧的故事，透过那些人物，透过尔娟们的遭遇，你会发现，你读到的，可能就是你自己。

从彼岸到此岸，是结束，更是开始。是遗忘，更是重建。

无论怎样关上门，无论如何决绝，过往所有的一切，仍旧留存在那个时代里，留存于《红黑时代的青春》里。

忘却，只是为了更好的记住！

写下，才得以更好的呼吸。

柳营

2020.1.11 曼哈顿

颠仆时代的青春

人生在世，总是问题太多，答案罕见，但如果想知道一段青春，该如何成功地完成，那就看看之光女士，当然，倘若还想知道一段青春应该怎样开始，也该看看之光女士——任何人任何时候问我，把她作为答案这一点，不会变。

偶尔会想，大脸盘、大眼睛，伴随大嗓门和大笑声的她，是否知道老天给了她一颗大心脏？特别是在她最温柔时刻，音量最低的时刻，往往是谦卑地说她一生的成绩，不过来自于命运的垂青时，我往往恨不得就这样问她。

因此，六七岁时就在院子里男孩子一样上树的她，在我看来，写下这部记录着整个颠仆时代的小说作为处女作，也是一次“上树”：她从树上摘下的果子，就是告诉人们，作为正面穿越过那个时代的人，她认为遗忘是廉价的、孱弱的，而正是这份念念不忘的正义，和未被岁月打磨掉的悲惘，让她既用自己的人生，成功地完成了青春，又拿起笔，开始了故事里的青春——

苦乐、迷惘、辗转、搏斗、无力……都在她的这个故事里，而她述说的本身，就蕴含着她给出的答案。

若要我讲，那就是人面对命运的尊严，如何活得渺小、但不卑琐。

再也没有比能容纳命运的心，更大的心了，也再也没有比写作，更艰苦和幸福的事。

而认识之光女士的十数年来，这种洋溢的热情竟能一刻未灭，竟能和尘世周旋得法之余，还依然做着自己心灵的护法，守得一块完璧，在我看来，她这笔和老天爷的买卖，创造的才是真正的财富。值！

所以我自感她社会意义上的成功标签，固然可贵，但绝非为欲望打工，而是为尊严挣搏，只是顺便得到了财富，或真的属于世间安得了的双全法。看，她自谦的好运，本质上还是在于她有洞察的心、机敏的慷慨、坦荡的取舍，好运招待的永远是反客为主的人。

所以我自感幸运和她结识，对她有着心无旁骛却又自然而然的内心深处的相爱相惜，所以我和我的家人，都对于她为更多人，写下这本小说，摘下这颗果子，而满心欢喜。

每个人都曾想要成为他想成为的那个人，但这件事情并非容易，而之光女士用人生的青春，做到了一半，她用这部小说，在完成另一半。

而正在写下这一半的作者，是我的挚友、榜样，更是个已然成功从此岸，到达彼岸的人——

是尘世两岸，也是从物质到精神。

再也没有比这更远的路程，因此也不会有比这更大的成功，所以，我其实要最真诚地谢谢她：

谢谢她为此而常葆反思、自省、纯真，和力量。

谢谢她柔软而不至于倒塌，坚硬而不硬入心肠。

最后，有的人，被客观地描述时，就会像是一场吹捧——就让这场“吹捧”白纸黑字、芬芳馥郁地留在这儿，是为鞭策她为我们摘下更多的果子、倾诉更多已完成、和正开始的答案。

俞露儿

2019.11 北京

一朵岁月化蝶

岁月宛如古老森林深处的积叶藓苔，于潮湿中弥漫腐朽之气，在某个季节，那积叶和老苔覆盖的、沼泽般的渊深处却鲜花绽放般勃起黑亮剔透的木耳来，俨然彩蝶破茧、沙粒成珠——之光的处女作《红黑时代的青春》正是这样一朵岁月化蝶，一粒粝沙成珠。因了对时光和苦难的忠诚，使得她闪耀着黑珍珠的光芒。

一个人的成长史，属于民族发展史的一部分。这是作者的处女作，过去的半多世纪里，她从事的职业和文学毫无关系，然而，在她进入古稀之年写成这部作品，无疑，这是她对自己作为见证者一份深思熟虑之后的供词，这份供词，正是一个良知者于时代记忆的忠诚。

谢凌洁

2019.12

鸣谢

如果没有剧作家俞露女士及其夫君沈彦伟先生。就不可能有这本书。因为闲聊，聊到文革，俞露建议我把它写成小说。其实我早有此愿，对文革中不靠法制，靠群众运动，最终形成暴民文化的方式我极为反感，面对肯定文革、向往文革的人，我很想发出作为那个时代的全程目睹者的声音。

但“想”和“做”有时会是无穷远的距离。感谢俞露伉俪每天扬鞭向我索稿，使我想发出的声音终于变成今天这本书。尤其是沈彦伟先生，在此书十易其稿的过程中，始终不停地提出修改意见，令我十分庆幸在当今年代居然可以拥有如此热心赤诚，恪守不渝的好朋友。

在此书未定稿之前，我的一批挚友已先行读阅。几乎他（她）们中的每个人都对此书提出了宝贵看法。

记得第一个向我反馈建议的人是阎连科先生，那天，我接到了他的越洋电话，收获了满满的指导。这种偏得因他的真诚、因他于大忙中抽空而为显得更加珍贵。我是他的粉丝，不仅是因为他获得卡夫卡等多个国际、国内大奖，主要是他的作品每本都能引起我的共鸣。

还有柳营、梓樱、曹莉、纽约桃花、王渝等多位女士以及宣树铮教授都给了我很多宝贵的修改意见，在此一并献上我浓浓的谢意！

最让人难忘的是鼎公、当代散文大家一王鼎钧老师。年愈九十，却命夫人王棣华女士向我表示要阅此稿，我满心感动地交出我的初稿。不料鼎公阅后，竟在自家为我举办了小型讨论会。参加会议的有王渝、柳营、刘倩，褚月梅女士及宣树峥、程奇逢先生。每个人都坦诚提出具有指导性的意见。也正是在鼎公的建议下，我将原来八万字的书稿增至到近十二万字。

本书绝非回忆录，虽然书中主要事件都是真实的，但人物全部是虚构的，每个人都是那个时代多个人的合成。如果有人在此照出了自己，那纯属巧合。并非我有意冒犯。特此声明。

之光

二零一九年十月九日纽约

CPSIA information can be obtained
at www.ICGtesting.com
Printed in the USA
BVHW061000090920
588371BV00002B/209